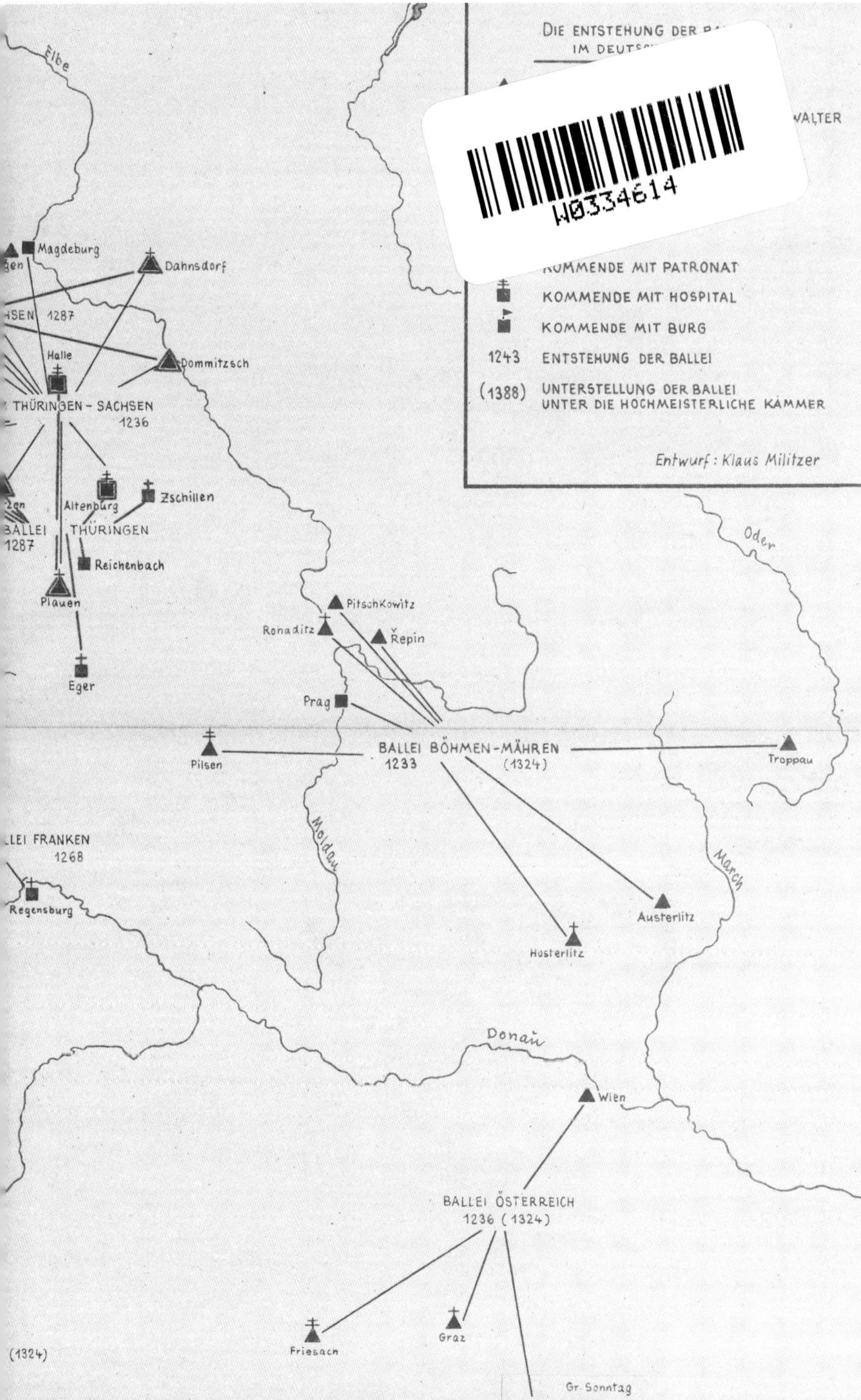
DIE ENTSTEHUNG DER BA
IM DEUTS
WALTER
KOMMENDE MIT PATRONAT
KOMMENDE MIT HOSPITAL
KOMMENDE MIT BURG
1243 ENTSTEHUNG DER BALLEI
(1388) UNTERSTELLUNG DER BALLEI UNTER DIE HOCHMEISTERLICHE KAMMER
Entwurf: Klaus Militzer
Elbe
Magdeburg
Dahnsdorf
SEN 1287
Halle
Dommitzsch
THÜRINGEN - SACHSEN
1236
Altenburg
Zschillen
BALLEI
1287
THÜRINGEN
Reichenbach
Plauen
Eger
Oder
Pitschkowitz
Ronaditz
Řepin
Prag
Pilsen
BALLEI BÖHMEN-MÄHREN
1233
(1324)
Troppau
LLEI FRANKEN
1268
Moldau
March
Regensburg
Austerlitz
Hosterlitz
Donau
Wien
BALLEI ÖSTERREICH
1236 (1324)
Friesach
Graz
(1324)
Gr. Sonntag

Kaiser Friedrich II. vermehrt das Ordenswappen um den Reichsadler. Gemalter Wandteppich in der Kommende Lengmoos.

Die Ordenspatronin: Thronende Madonna im Tympanon der Kirche Maria am Leech, Graz ▶

Der Deutsche Orden

Von seinem Ursprung bis zur Gegenwart

Von

Marian Tumler

unter Mitarbeit von

Udo Arnold

5., überarbeitete und erweiterte Auflage

1992

1. Auflage 1974
2. Auflage 1975
3. Auflage 1981
4. Auflage 1986
5. Auflage 1992
(26. bis 33. Tausend)

Auslieferung: Prof. Dr. Udo Arnold,
Eichener Straße 32, D-5358 Bad Münstereifel

Printed in Germany

Gesamtherstellung: Bercker · Graph. Betrieb GmbH, Kevelaer

ISBN 3-9800545-4-3

Inhalt

Vorwort 4
I. Ursprung und Ausbreitung 5
II. Inneres Leben 24
III. Die Zeit des Rückgangs vom
14. bis 16. Jahrhundert 46
IV. Von der Reformation zu Napoleon 62
V. Im Kaiserreich Österreich 1815–1918 75
VI. Die Entwicklung 1918–1992 85
VII. Der Deutsche Orden heute 95
VIII. Anschriften 104
IX. Die Hochmeister des Deutschen Ordens . . . 105
Abbildungsverzeichnis 108

Vorwort

Bereits seit langem fehlt eine knappe, übersichtsartige Zusammenstellung der Deutschordensgeschichte, wie sie Marian Tumler 1948 und in zweiter Auflage 1956 vorlegte. So erhielt ich von ihm noch in seiner Amtszeit als Hochmeister den Auftrag, anhand seiner bisherigen Veröffentlichungen ein solches Büchlein neu zu erstellen. Das Ergebnis darf ich hier vorlegen, wobei ich bewußt auf den eingangs charakterisierten Zweck hinweisen möchte.

Bei der Bearbeitung ging ich davon aus, soviel wie möglich von den Originaltexten Tumlers zu erhalten und nur dort einzugreifen, wo sich die Forschungslage oder aber, wie für die beiden letzten Abschnitte, die Situation für den heutigen Deutschen Orden geändert hat. Dem auf diese Art entstandenen Text stimmte der Althochmeister nach genauer Prüfung zu.

Für die Vertiefung der Kenntnisse über die Geschichte des Deutschen Ordens sei vor allem auf folgende Werke hingewiesen: Marian Tumler, Der Deutsche Orden im Werden, Wachsen und Wirken bis 1400, Wien: Panorama 1955 sowie die im Verlag N. G. Elwert, Marburg/Lahn unter der Patronanz des Ordens seit 1966 erscheinende Buchreihe „Quellen und Studien zur Geschichte des Deutschen Ordens" mit zur Zeit 35 Bänden. Eine neue, ausführlichere Gesamtgeschichte des Deutschen Ordens hoffe ich demnächst vorlegen zu können.

Rom, im Deutschen Haus, am 21. Oktober 1973

Diese 5. Auflage entspricht in der Anlage der ersten; doch alle Kapitel wurden überarbeitet, nicht zuletzt aufgrund neuerer Forschungen, und die Kapitel VI und VII auf den neuesten Stand gebracht. Dabei ist auch etlichen Hinweisen aufmerksamer Leser Rechnung getragen.

Bad Münstereifel, am 24. Juni 1992 U. A.

I. Ursprung und Ausbreitung

Der Islam, nach seinem Stifter auch Mohammedanismus genannt, entriß dem Christentum von 632 bis 732 die bereits ganz christianisierten Gebiete Nordafrikas und Westasiens, ausgenommen Kleinasien. Um 1000 eroberte er auch große Gebiete Kleinasiens und versuchte, mit Hilfe seiner überlegenen Seemacht die christlichen Küstenländer des westlichen Mittelmeerbereichs zu erobern; das gelang aber nur in Spanien. Diese Entwicklung bildete in der Geschichte der christlichen Kirche im siebten, achten und elften Jahrhundert schwerste Katastrophen, verlor sie doch damit mehr als die Hälfte ihres Gebietes, und zwar gerade die reichsten und kulturell höchststehenden Länder.

Die Christen eroberten und behaupteten in der Kreuzzugsepoche von 1096 bis 1291 das syrisch-palästinensische Gebiet, im wesentlichen also das Heilige Land mit den heiligen Stätten der Christenheit. Sie trieben damit einen Keil zwischen den asiatischen und afrikanischen Bereich des Islam, der in einer Zeit innerer Konflikte lebte und daher in seiner atemberaubenden Angriffskraft der vorhergehenden Jahrhunderte gelähmt war.

In jener Zeit, zwischen 1100 und 1300, entstanden zwölf geistliche Ritterorden, die die eigentlichen Kampftruppen des Christentums gegen den Islam bildeten, da sie ständig an der Front des Heidenkampfes blieben und nicht, wie die Kreuzheere der weltlichen Ritterschaft, nach kurzer Zeit wieder in ihre Heimat zurückkehrten. Diese Ritterorden waren die Templer (wohl 1120 gegründet), Johanniter – nach 1080 von Bürgern aus Amalfi als Hospital gegründet, sechs Jahrzehnte später zusätzlich als Ritterorden kämpfend –, die Orden von Aviz (Evora) (1145), Alcantara (1157), Calatrava (zwischen 1158 und 1163), der Orden vom Flügel des hl. Michael (1167), der Orden von Santiago di Compostella (etwa 1160/70), von der Lilie (?), von Montjoie (1180), der Deutsche Orden (1190), die Schwertbrüder (1202) und der Orden von Dobrin (1228). Die ersten neun stifteten Romanen – Portugiesen, Spanier, Italiener, Franzosen –, die folgenden zwei Deutsche, den letzten Polen. Wesentliche Bedeutung erlangten nur Templer, Johanniter und Deutscher Orden als die großen internationalen Ritterorden. Die übrigen, kleine nationale Orden, erlitten meist auch ein nationales Schicksal: Unterstellung unter die jeweilige Landesherrschaft oder gar Aufhebung. Das letzte traf sogar die Templer 1312. Der aus Deutschen bestehende Orden von Dobrin und die Schwertbrüder wurden 1235 und 1237 dem Deutschen Orden inkorporiert.

Um 1118, vielleicht auch erst zehn Jahre später, entstand etwa gleichzeitig mit den Templern ein Deutsches Hospital St. Mariens zu Jerusalem. Über seine Gründung berichtet ein Jahrhundert später der Bischof von Akkon Jakob von Vitry:

> *Als die Heilige Stadt nach ihrer Befreiung von den Christen bewohnt wurde und viele Deutsche und Alemannen als Pilger nach Jerusalem zogen und sich in der Sprache der Stadt nicht verständigen konnten, trieb die göttliche Erbarmung einen ehrenwerten, frommen Deutschen, der mit seiner Frau in der Stadt lebte, ein Hospiz zur Unterbringung armer und kranker Deutscher aus eigenen Mitteln zu errichten. Als viele Arme und Kranke seines Volkes wegen des Bandes der Sprache dort zusammenströmten, errichtete er mit Willen und Zustimmung des Patriarchen neben dem erwähnten Hospiz ein Oratorium zu Ehren der seligen Gottesgebärerin Maria . . . Einige, besonders aus dem Volke der Deutschen, entsagten allem, angezogen durch die Liebe und den Eifer des Mannes, übergaben sich und ihr Gut dem genannten Hospital und gelobten unter Ablegung der weltlichen Kleider den Dienst der Kranken.*

Dieses Deutsche Hospital, neuerdings bei Ausgrabungen in Jerusalem gefunden, entwickelte sich anfangs gut, wurde aber 1143 vom Papst den Johannitern unterstellt mit der Verpflichtung, es mit deutschen Brüdern weiterzuführen. Beim Verlust Jerusalems 1187 ging auch das Spital unter. Es ist eine offene Frage, ob es über das Heilige Land hinaus Bedeutung erlangte, etwa Besitzungen im europäischen Bereich kannte.

1187 ging das Heilige Land bis auf die nördlichen Gebiete verloren. Die europäischen Herrscher rüsteten zu einem allgemeinen Kreuzzug, dem dritten. Das deutsche Ritterheer wählte aufgrund des mangelnden Schiffsraumes zur Überfahrt über das Mittelmeer den langen, beschwerlichen Landweg; Niederdeutsche dagegen, vereinigt mit Flamen unter Führung des Grafen Adolf von Holstein, wählten den Seeweg. Sie trafen im Orient schon im Herbst 1189 ein und rangen zusammen mit anderen Kontingenten fast zwei Jahre lang um die Stadt Akkon, den Schlüssel des Heiligen Landes. Gegen die furchtbar wütenden Lagerseuchen errichteten Bürger aus Bremen und Lübeck für den deutschen Abschnitt ein Zeltspital aus Schiffssegeln, wohl Mitte des Jahres 1190. Sein Leiter war Sibrand, von dem wir nicht mehr als den Namen wissen. Die Leiter wechselten rasch, doch sie vermochten mit Hilfe Herzog Friedrichs von Schwaben, Sohn des auf dem Vormarsch im Salef ertrunkenen Kaisers Friedrich I. Barbarossa und Nachfolger in der Führung des deutschen Ritterheeres, der im Oktober 1190 vor Akkon eintraf, sowie weiterer deutscher Kreuzfahrer nach Einnahme der Stadt die Position des Hospitals zu festigen. Es erhielt ein Haus an der Stadtmauer, baute dort Hospital, Kapelle und Wohnungen aus und widmete sich intensiv der Krankenpflege. Die Namensgebung – Deutsches Hospital St. Mariens von Jerusalem – ist in Zeitpunkt und Motivation noch ungeklärt, jedoch besteht wohl keine Verbindung zwischen dem älteren Jerusalemer Hospital und der Neugründung vor Akkon 1190, aus der sich allmählich der Deutsche Orden entwickelte; Jerusalem ist nicht Ursprungsort des Ordens, sondern nur ideelles Zentrum, wie auch für die übrigen Ritterorden nach 1187. Papst Clemens III. stimmte der Neugründung am 6. Februar 1191 vorläufig, Papst Cölestin III. am 21. Dezember 1196 endgültig zu.

1197 sollte ein großer Kreuzzug unter Kaiser Heinrich VI. stattfinden. Mehr als 20 geistliche und weltliche Fürsten des Kaiserreiches eilten dem Monarchen voraus. Als dieser im September 1197 starb, löste sich das Kreuzheer auf. Die deutschen Fürsten beschlossen aber vor ihrer Abreise aus Palästina, das Deutsche Hospital in einen Ritterorden zu verwandeln. Das geschah aller Wahrscheinlichkeit nach im Frühjahr 1198 in einer großen Versammlung zu Akkon. Der Orden erhielt zur Johanniterregel für die Krankenpflege jetzt zusätzlich die Templerregel und für die Ritterbrüder angeblich den weißen Templermantel, worum es bald Streit gab, jedoch mit schwarzem Kreuz an Stelle des roten Templerkreuzes. Papst Innozenz III. bestätigte die Umwandlung am 19. Februar 1199.

Das erste Haus des Ordens wurde zu Akkon errichtet, wenige Wochen nach der Eroberung der Stadt. Bis 1196 entstanden fünf weitere Häuser im Heiligen Lande: zu Gaza und Jaffa, Ascalon, Rama und Zamsi. 1197 zogen Ordensbrüder in Barletta und Palermo ein, den wichtigen Kreuzfahrerhäfen in Süditalien und Sizilien.

Als Ritterorden begann sich der Deutsche Orden erstaunlich rasch auszubreiten, sowohl im Orient wie im Abendlande, obwohl hier wie dort schon viele hundert Häuser der viel älteren Templer und Johanniter bestanden. Von 1200 bis 1300 entstand fast jährlich eine Kommende – so hießen die Häuser des Ordens –, öfter zwei, einige Male sogar drei und vier. So zählte um 1300 der Orden 300 Kommenden von der Düna bis fast zum Atlantischen Ozean, von Schweden bis zur Südspitze Europas.

Die älteren Kommenden verdanken ihre Entstehung frommen Kreuzfahrern, die den Orden im Heiligen Lande kennengelernt hatten. Von diesen Stiftern und von späteren Wohltätern wurden sie reich beschenkt mit Geld und kleinen Grundstücken, großen Gütern und Herrschaften, Kirchen, Klöstern und Spitälern. Unter den Gönnern des Ordens stehen die Päpste und Kaiser obenan, Bischöfe und weltliche Fürsten, Adel und Bürger folgten nach. Als Begründung der Schenkungen finden wir unzählige Male angegeben: *Weil sich die Brüder im Dienste der Kranken unablässig abmühen, Weil die Brüder Blut und Leben für das Heilige Land opfern.* Von Einfluß war sicherlich auch, daß um diese Zeit, das ist von 1210 bis 1250, mit kurzen Intervallen drei hochangesehene Männer den Orden leiteten: Hermann von Salza, Konrad Landgraf von Thüringen, Heinrich von Hohenlohe.

Hermann von Salza (1209–1239) zählt von 1219 an zu den führenden Diplomaten, den wenigen, denen Papst Gregor IX. und sein Gegner Friedrich II. unbedingt vertrauten, den sie als einzigen Zeugen bei ihrer langen Unterredung nach ihrem ersten Friedensschluß 1230 zuließen. Ihm schrieb der Papst:

> *Wir gebieten dir bei der Pflicht des Gehorsams . . . in hohem Ernste, daß du, so lieb dir Gott und unsere Huld sind, ohne Verzug zu uns kommest, um für die Ehre der Kirche und für des Reiches Frieden und Ruhe zu wirken.*

Und Hermann brachte von jedem seiner diplomatischen Besuche für den Orden große Privilegien oder Schenkungen mit, ein Beweis, wie sehr sein diplomatisches Geschick geschätzt und von ihm auch für den Orden eingesetzt wurde.

Landgraf Konrad von Thüringen (1239–1240), der Schwager und Jugendgespiele der hl. Elisabeth, schenkte das von ihr zu Marburg gestiftete Hospital im Jahre 1234 dem Deutschen Orden und trat am 18. November des Jahres auf Anraten des Papstes mit zwei Priestern und neun Rittern seines Gefolges selbst in den Orden. 1235 erreichte er die Heiligsprechung Elisabeths und im folgenden Jahr in Anwesenheit des Hochmeisters und Kaiser Friedrichs II. die feierliche Erhebung der Gebeine. Bereits 1235 wurde dort der Bau der Elisabethkirche begonnen, des zweiten rein gotischen Baus auf deutschem Boden. Nach seiner Erwählung zum Hochmeister wurde Konrad von den deutschen Fürsten zum Friedensvermittler zwischen Papst und Kaiser bestellt. Kaum in Rom angelangt, wurde er von einem Fieber weggerafft, was allen Gläubigen *nicht geringe Furcht* über die Lage einflößte.

Heinrich von Hohenlohe (1244–1249) trat mit zwei Brüdern in den Orden ein und brachte die reiche Schenkung Mergentheim mit. Er übernahm 1232 als Deutschmeister die Leitung aller in Deutschland gelegenen Häuser des Ordens. Von 1237 an saß er im Regentschaftsrat für den unmündigen deutschen König und hatte derartigen Einfluß, daß ein Zeitgenosse wohl übertreibend schrieb, ganz Deutschland werde von einigen Deutschordensbrüdern regiert.

Die Ausbreitung des Ordens kann hier nur kurz skizziert werden. 1199 wurde der Grund zur Kommende Sonntag in der Steiermark gelegt, 1200 das Spital zu Halle a. d. Saale in Thüringen erbaut, 1202 das zu Bozen; 1204 entstand die Kommende Prag, vielleicht auch die zu Wien; 1206 ward das zweite Haus in Sizilien, in Polizzi, 1207 jenes zu Reichenbach in Hessen errichtet; 1209 erfolgte der Einzug in Griechenland, im selben Jahr in Nürnberg in Franken, 1210 in Bayern mit den Häusern zu Aichach und Regensburg, und 1211 ins Burzenland in Ungarn; 1218 entstanden die ersten Häuser im heutigen Belgien und Holland, 1225 spätestens in der heutigen Schweiz und 1228 in Frankreich. 1230 endlich hielt der Orden seinen Einzug in Preußen und 1237 in Livland.

Im Heiligen Lande arbeitete Hermann von Salza auf Erwerbung großer, geschlossener Komplexe hin, weil solche allein Geld und Mannschaft für den fast pausenlosen Kampf mit dem Islam liefern konnten. 1220 gewann er das Hinterland von Akkon und errichtete hier wenig später die Burg Montfort, Starkenberg. Ein noch größeres Gebiet wurde hinter Tyrus gewonnen, ein drittes in Armenien, wo 1212 die Burg Amuda, 1236 die Stadt Harunia mit vier Abteien und 19 großen Landgütern an den Orden kamen. Der Ordensbesitz hinter Tyrus zählte nicht weniger als 42 Ortschaften, jener bei Montfort 50 große Landgüter. 1229, als Jerusalem den Christen zurückgegeben wurde, erhielten die Brüder das alte Deutsche Hospital geschenkt. Sie mußten es 1244 wieder verlassen, als die Stadt verlorenging; nur 15 Jahre war der Orden in Jerusalem seßhaft.

Die Kommenden, geleitet vom Komtur, wurden zu Balleien, das sind Provinzen, zusammengeschlossen, mit dem Landkomtur; für Deutschland, Livland und Preußen wurden Landmeister bestellt; an der Spitze des Gesamtordens stand der Hochmeister als Regent, das Generalkapitel als gesetzgebendes und überwachendes Gremium; dem Hochmeister standen die Großgebietiger zur Seite: der Großkomtur als Stellvertreter, der Marschall als oberster Führer im Kriegsfall, der Spitler als Leiter des am Hauptsitz des Ordens zu führenden Hospitals, der Treßler als Verwalter der Generalordenskasse und der Trapier als Leiter des Bekleidungswesens.

Um 1280 hatte der Orden 13 Balleien im deutschen Reiche, drei in Italien, je eine in Frankreich, Griechenland und Syrien und dazu die Ordensländer Preußen und Livland. Die Balleien im deutschen Reich waren Biesen, Utrecht, Böhmen, Österreich, Thüringen, Sachsen, Elsaß-Burgund, Lothringen, Koblenz, Marburg, Franken, Bozen und Westfalen. In Italien bestanden die drei Balleien: Sizilien, Apulien und Lamparten. In Sizilien waren 10, in Apulien 14 Kommenden. Der Wirtschaftshof der Kommende Corneto hatte zeitweise über 400 Stück Rindvieh, über 100 Pferde, mehr als 4000 Schafe und Ziegen und 2000 Schweine. Die Ballei Böhmen zählte wenigstens 17 Kommenden, mehrere sehr starke, und eine bedeutend größere Zahl von Seelsorgskirchen. In Süddeutschland erwuchsen die Kommenden Nürnberg, Mergentheim und Sachsenhausen an Besitzstand gleich einer Grafschaft. Die Insel Mainau im Bodensee kam um 1270 durch den Eintritt der ganzen Familie Langenstein an den Orden; in den Balleien Biesen und Utrecht lagen 12 bzw. 14 Kommenden. In Frankreich finden wir sechs, im fernen Spanien drei, freilich kurzlebige Kommenden, in Schweden die zu Årsta. Die Ballei in Griechenland hieß Romanien, in Syrien hieß sie Armenien, unter Einschluß des Besitzes auf Zypern, während die Besitzungen im Heiligen Land zu keiner Ballei gehörten, also wohl der Ordensspitze direkt unterstanden.

Nach Griechenland, dem Burzenlande, Preußen und Livland wurde der Orden als Ritterorden, das ist als Kämpfer berufen, in den anderen Balleien erfolgte sein Einzug als Hospitalorden.

1204 wurde das griechische Reich durch ein lateinisches Kreuzheer zum Teil erobert und nach dem Lehenssystem aufgeteilt. Im Südteil des heutigen Griechenlands herrschte der Fürst von Achaia. Das neue Reich wurde Romanien benannt. Die lateinischen Fürsten konnten sich gegenüber den unterworfenen Griechen nur dadurch halten, daß sie abendländische Ritter ansiedelten und mit Grund ausstatteten. Gottfried, Fürst von Achaia, verlieh solche Lehen auch den Templern, Johannitern und Brüdern des Deutschen Hauses. So kam der Orden im Jahre 1209 nach Kalamata an der Südspitze des Peloponnes, dann in das nahe Methone. Kommenden wurden noch zu Mosteniza, Villafort und Andravida errichtet, dort mit einem mächtigen Schloß, in Villafort mit der Verpflichtung, ständig sieben Kapläne zu halten, zu Andravida mit einem Spital und zwei Filialspitälern.

Das Burzenland, ein Teil des breiten und langen oberen Altbeckens in Rumänien, war wegen seiner fünf gut gangbaren Pässe für das alte Königreich Ungarn eine gefährliche Einbruchstelle und um 1200 durch zahllose Einfälle der östlichen Steppenvölker völlig verödet. König Andreas II., der Vater der hl. Elisabeth, übertrug das Land im Jahre 1211 dem Deutschen Orden. Die Schenkungsurkunde, im ungarischen Sinne wohl eindeutig, ließ trotzdem die Möglichkeit unterschiedlicher Interpretation zu, die die Brüder im Streben nach Territorialbildung verfolgten. In wenigen Jahren erbaute der Orden eine Reihe starker Burgen, besonders die Kreuzburg. Als an diesen Burgen die Anstürme der Kumanen scheiterten, dehnte König Andreas die Schenkung über die Transsylvanischen Alpen bis an die Donau aus, 1222. Die Brüder erbauten sofort jenseits der Berge eine Burg und schlugen vor ihr die Kumanen derartig, daß kein Angriff mehr erfolgte, ja daß sich nicht wenige Kumanen taufen ließen. Bis an die Donau dürften die Brüder aber wohl kaum vorgedrungen sein. In das gesicherte Burzenland strömten, von der ungarischen Regierung freudig aufgenommen, viele deutsche Kolonisten. Das glänzend eingeleitete Unternehmen fand durch die gegensätzlichen Bestrebungen des königlichen Hofes und des Ordens ein jähes Ende.

Im Streben nach weitgehender Autonomie, wie die Interpretation der Schenkung von seiner Seite aus es ermöglichte, geriet der Orden in Konflikt mit dem Bischof von Siebenbürgen. Der Heilige Stuhl schied auf Bitten der Ordensbrüder das Burzenland aus der Diözese Siebenbürgen aus. Entscheidend wurde aber, daß gegen die Mißwirtschaft des Königs eine förmliche Revolte ausbrach, durch die er zum Widerruf aller Schenkungen gezwungen wurde. Die Brüder, die wie viele andere davon betroffen wurden, glaubten sich dagegen zu sichern, indem sie das Burzenland am 20. April 1224 in das Eigentum des hl. Petrus und der römischen Kirche aufnehmen ließen. Dies bedeutete keine Eigentumsübertragung, sondern einen erhöhten, wenn auch in erster Linie ideellen Schutz. Der erhoffte Schutz des Papstes kam aber schon zu spät. König Andreas rückte plötzlich mit einem Heere in das Land ein, fand als Lehensherr überall offene Burgen, besetzte dieselben und zwang die Brüder nach ihrer Weigerung, das Land zurückzugeben, zur Auswanderung. Umsonst wandte sich der Papst sofort und dann noch wiederholt an den König. Dieser konnte nicht zurück, wie der Papst selbst unverblümt schrieb:

Wir trauen das seiner Mildtätigkeit nicht zu, vielmehr den Einflüsterungen Böswilliger, die das Land durch die unermüdliche Tätigkeit der Brüder gewachsen sehen und in Gier nach ihm sich dir mit giftigen Ratschlägen nahen.

In Preußen, das ist im Lande zwischen Weichsel und Memel, griff der Orden nur auf wiederholte Bitten des nordpolnischen Herzogs Konrad von Masowien und Drängen von Papst und Kaiser ein. Die Prußen waren wie die benachbarten Litauer und Letten ein eigener Sprachstamm, ähnlich die finnougrischen Liven und Esten, die jenseits der Düna bis zum Finnischen Meerbusen saßen. Diese nichtslawischen Völker waren an der ganzen übermäßig langen und sehr schmalen Landfront von den slawischen Russen, Polen, Pomoranen umgeben. Für Russen und Polen war die Gewinnung der Meeresküste von größter Bedeutung. Daher herrschte hier sehr oft und lange Krieg. Die Prußen und Litauer erwuchsen in diesen Kämpfen zu einem Kriegervolk ersten Ranges.

In Preußen hatte Bischof Adalbert von Prag zu missionieren versucht, aber schon nach einigen Jahren, 997, den Märtyrertod erlitten. Sein Nachfolger, Brun von Querfurt, erlitt dasselbe Los 1009. Erfolg hatte die Mission erst, als um 1206 das Zisterzienserkloster Lekno damit begann. Sein Abt Gottfried erreichte, daß 1215 für Preußen ein Bistum errichtet werden konnte unter dem aus Oliva stammenden Zisterzienser Christian. 1217 ging Bischof Christian aus unbekannten Gründen von der bisher friedlichen Mission dazu über, Kreuzfahrer heranzuziehen. Die Prußen wehrten den Angriff ab, vernichteten die junge, preußische Kirche und verheerten Pommern und Nordpolen schwer. In Masowien allein sollen 250 Pfarrkirchen und 10 000 Dörfer zerstört, 20 000 Menschen getötet und 5000 verschleppt worden sein; die Zahlen sind gewiß zu hoch gegriffen, wie im Mittelalter üblich, verdeutlichen aber die prußische Schlagkraft. Herzog Konrad von Masowien, den Prußen nicht gewachsen, bat 1226 den Deutschen Orden um Hilfe. Papst und Kaiser drängten diesen zum Eingreifen, jener in einem feurigen Aufruf, dieser in einer großen Bulle, worin er dem Hochmeister alle Rechte in Preußen verlieh, wie sie die Fürsten des Reiches in ihren Gebieten nicht besser haben konnten. Damit wurde gleichzeitig Preußen aus dem Lehnsverband des Reiches ausgeschlossen, was dem Orden absolute Autonomie ohne Oberherrschaft des Kaisers brachte.

Weil Konrads Angebot nicht klar genug war, lehnte Hermann von Salza – wohl eingedenk der Erfahrungen im Burzenlande – vorläufig ab. Der Herzog suchte sich 1228 durch Stiftung des Ritterordens der Dobriner selbst zu helfen. Diese richteten aber gegen die Prußen nichts aus, verloren von 1230 an jede Bedeutung und wurden 1235 dem Deutschen Orden angeschlossen.

Erst als Herzog Konrad im Jahre 1230 allen Anrechten auf das Kulmerland und das zu erobernde Preußen entsagte, griff Hermann von Salza zu. Sein bewährter Mitarbeiter Hermann Balk ging als Landmeister mit fünf Brüdern und einigen Gefolgsleuten nach Preußen ab. Hermann Balk setzte sich am linken Weichselufer fest. Als 1231 Kreuzfahrer eintrafen, ging er über den Strom und legte ein befestigtes Lager an, primitiv genug nach dem Bericht der Ordenschronik Peters von Dusburg: Auf einem Eichbaum wurden Brustwehren, ringsherum Verhaue und dahinter wohl Zelte oder Blockhütten errichtet. Von diesem Platz aus unterwarf er das umliegende Gebiet und gründete die Städte Kulm und Thorn. Von 1233 an begann er größere Operationen nach dem Plan, flußabwärts, dann entlang der Küste und dann wieder flußaufwärts Stützpunkte zu errichten. Er rechnete dabei auf Hilfe von Kreuzfahrern.

Tatsächlich waren die Ordensbrüder – je länger um so mehr – nur die Elitetruppen und die Besatzungsmacht für die Burgen, die größeren Kämpfe wurden durch Kreuzfahrer entschieden. Solche kamen zuerst aus Polen und Norddeutschland, dann aus dem ganzen deutschen Mutterland und darüber hinaus aus dem heutigen Belgien und Holland, Frankreich und England. Ja es wurde in späteren Jahrzehnten förmlich Brauch, daß die Männer des Adels sich in Preußen ihre Sporen verdienten. Nach dem oben skizzierten Plan legte Balk 1233 Marienwerder an, 1237 Elbing, 1239 Balga. Vor Fertigstellung dieser Burg mußte er aber nach Livland übersiedeln.

In Livland hatte Meinhard aus dem holsteinischen Kloster Segeberg um 1184 zu missionieren begonnen. Nach seinem Tode 1196 wurde Berthold von Lokkum zum Bischof geweiht, kam aber 1198 bei einem Tumult um. Albert von Bekeshovede, der dritte Bischof, ein Mann von eiserner Arbeitskraft und großen Fähigkeiten, sicherte sich sofort und während seiner ganzen 30jährigen Regierung starke Kreuzfahrerhilfe und stiftete darüber hinaus 1202 den Orden der Schwertbrüder. Bei Alberts Tod 1229 waren Livland, Estland und Teile Kurlands gewonnen, ein Gebiet so groß wie Bayern und Württemberg zusammen.

In den Folgejahren kam der Schwertbrüderorden zu der Erkenntnis, daß ein Zusammengehen mit dem inzwischen in Preußen kämpfenden, größeren und besser privilegierten Deutschen Orden nur vorteilhaft sein könne. Volkwin, Meister der Schwertbrüder, ließ mit dem Deutschen Orden um eine Vereinigung verhandeln. Hermann von Salza zögerte jahrelang. Schließlich sandte er Boten zur Erkundigung nach Livland. Sie waren von den Schwertbrüdern nicht erfreut, *weil ihnen ihr Leben nicht gefiel, sie meinten nach ihrem Willen leben zu können und hielten ihre Regel nicht,* wie der spätere Hochmeister Hartmann von Heldrungen in seinem Bericht dazu meint. Sicher betraf das eine freiere Lebensform, aber auch ein gewisses Streben nach weitgehender Eigenständigkeit bei einer Vereinigung, nicht absoluter Inkorporierung. Da traf die Nachricht ein, das livländische Heer sei am 22. September 1236 bei Saulen vernichtend geschlagen worden und nur das Eingreifen des Deutschen Ordens könne Rettung bringen. Darauf gliederte der Papst am 12. Mai 1237 die Schwertbrüder dem Deutschen Orden an.

Hermann Balk führte sofort 60 Ordensritter nach Livland. In kurzer Zeit war das Land beruhigt, Kurland ganz erobert und die Russen über die Grenzen zurückgeworfen und im eigenen Land angegriffen. Als aber Balks jugendlicher Nachfolger Dietrich von Grüningen seine Kräfte auf zwei Schauplätze verteilte, kam es zur Katastrophe: die Ostgruppe am Peipussee marschierte unklug über den zugefrorenen See und griff am 5.

Hauptburg Montfort im Heiligen Land
Hochmeister Konrad von Thüringen (1239–1240) ▶

April 1242 das Heer Alexander Newskis an, das am steilen Seeufer stand. Der Reiterstoß dagegen versagte natürlich und endete mit einer schweren Niederlage. Alexander Newski wagte trotzdem keinen Vorstoß ins Ordensland. Die Ordensbrüder dagegen entsagten für immer dem Plan, russische Gebiete zu erobern.

Die Niederlage in Livland ermutigte aber die Prußen und ihren Verbündeten Herzog Svantopolk von Pommerellen zum Aufstand. Bis auf fünf starke Burgen an der Weichsel und am Meere ging dem Orden alles verloren und Tausende deutscher Kolonisten fanden den Tod. Die fünf Burgen versuchte Svantopolk durch Stromsperren auszuhungern. Dietrich von Bernheim, der fähigste unter den Führern des Ordensheeres, durchbrach die Stromsperren mehrmals und brachte dem Herzog durch verwegene Überfälle schwere Verluste bei. Nur einmal wurde Dietrich geschlagen, als sich seine 400 Mann nicht zurückhalten ließen, am Rensensee mehrere tausend Prußen zu überfallen. Als Herzog Svantopolk einen Überfall auf die Stadt Elbing scheitern sah – er wußte, daß die Bürger nicht in der Stadt waren, fand aber die Mauern mit Geharnischten besetzt, lauter Frauen –, als er im eigenen Land angegriffen und sein Heer überritten wurde, als die Prußen vor Christburg zersprengt wurden, bevor der Herzog eintraf, konnte der päpstliche Legat am 7. Februar 1249 den Frieden diktieren.

Die Prußen unterwarfen sich dem Orden, verpflichteten sich, die Taufe anzunehmen und als Christen zu leben sowie 21 Kirchen zu bauen und Kriegsdienst zu leisten. Der Orden gewährte ihnen dafür Besitz- und Erbrecht; er versprach auch, für Kirchen und gute Priester zu sorgen und kriegsgefangene Prußen auf eigene Kosten zurückzukaufen. Welcher Geist gegenseitigen Wohlwollens bei der großen Friedenskonferenz herrschte, zeigt folgender Vorfall: Die Prußen erklärten zum

◀ *Elisabeth-Kirche in Marburg an der Lahn*
Burg Wenden, Sitz des Landmeisters von Livland

Antrag, daß die Brüder den Getreidezehent holen sollten, das sei für diese viel zu beschwerlich, sie würden das Getreide selbst dreschen und zuführen. Die Konferenz endete mit einer herzlichen Versöhnungsfeier.

Durch die Prußen verstärkt, gingen die Brüder an weitere Operationen. 1252 wurde von Livland aus Memel gegründet und damit die Brücke zwischen beiden Ordensländern geschlagen. 1254/55 eroberte ein mächtiges Kreuzheer unter König Ottokar II. von Böhmen das Samland und sicherte es durch die Gründung Königsbergs. 1253 vermittelte der livländische Meister dem Litauerfürsten Mindowe auf die Bitte um Missionare die Königskrone und die Bestellung des Ordensbruders Christian zum Bischof des Landes. Mindowe errichtete an seiner Residenz eine Ordenskommende, ließ dem Orden in Niederlitauen (Samaiten) freie Hand und vermachte ihm 1260 für den Fall der Kinderlosigkeit auch Oberlitauen. In Rom setzte man damals große Hoffnungen auf den Deutschen Orden: es wurden ihm alle den Mongolen zu entreißenden Gebiete, das ist fast ganz Rußland, übertragen. 1202 war das griechische Reich erobert worden. Mit der Eroberung, richtiger Befreiung Rußlands, sollte die Union der Christenheit erreicht werden. Die Pläne waren groß, wenn man die Folgeentwicklung betrachtet, sogar utopisch.

Da erfolgte ein Rückschlag, der das Werk des Ordens mit dem Untergang bedrohte. Die kriegerischen Samaiten brachten dem vereinigten Heer der preußischen und livländischen Brüder am Margaretentag 1260 bei Durben eine vernichtende Niederlage bei: 150 Brüder fielen, mit ihnen die Prußen, die sich geschlossen weigerten, die Brüder zu überleben. Die Landmeister hatten zuvor lange gezögert, die Samaiten anzugreifen. Schuld an der Niederlage war, daß dänische und andere Hilfsvölker – pochend auf das Kriegsrecht, gegen den Willen der Ordensbrüder – durchsetzten, daß die erhoffte Beute, darunter auch tausende von den Samaiten verschleppte kurländische Frauen, verteilt würden. Die Kuren verlangten Freigabe ihrer gefangenen Frauen und fielen, als das verweigert wurde, ihren Kampfgenossen in den Rücken.

Auf den Unglückstag folgte ein allgemeiner Volksaufstand von der Düna bis zur Weichsel. Im Ordensheer geschulte Männer übernahmen die Führung, wie Glande, Glappo, Herkus Monte. Die kleinen Burgen fielen im ersten Ansturm und mit ihnen Massen deutscher Flüchtlinge. Große Burgen, jetzt Flüchtlingslager, widerstanden dem Angriff und wurden eingeschlossen, um sie auszuhungern. Der Orden dagegen ballte, was er an Kräften freimachen konnte, zu fliegenden Kolonnen zusammen, um Burgen zu entsetzen und zu verproviantieren. Bei solchen Versuchen erlitten die Brüder oft schwere Niederlagen, so 1261 bei Lenewarden in Livland und Pokarben in Preußen, 1263 bei Dünamünde und Löbau. Mindowe hatte sich schon 1261 vom Orden losgesagt, Alexander Newski zeigte Lust, gegen den Orden vorzugehen. Nach drei Jahren wirkte auch die Einschließung der Burgen: Bartenstein mußte geräumt werden, weil nicht einmal Tierhäute mehr als Nahrung da waren; die Besatzung der Kreuzburg entwich heimlich, war aber so entkräftet, daß sie eingeholt und vernichtet wurde; die Leute auf der Wiesenburg ließen durch einen alten Bruder zu den Stundengebeten läuten und entkamen durch diese List auf dem weiten Umweg über Nordpolen. Um die Burgen am Meer und an der Weichsel gab es lange Kämpfe. Vor Balga trafen sich die Gegner zweimal in so dichtem Nebel, daß sie sich gegenseitig den richtigen Heimweg zeigen mußten; vor Königsberg warf der Ordensbruder Ulrich von Magdeburg, mit einem Mastbaum bewaffnet, 50 Prußen über die von den Prußen errichtete Sperrbrücke; die neue Sperre aus zusammengekoppelten Schiffen wurde von einem Ordensbruder, der gut tauchen konnte, durch Anbohren so lange versenkt, bis die Prußen den Fluß freigaben.

1267 begann der Umschwung zugunsten des Ordens in Livland, 1272 in Preußen. Verstärkt durch Kreuzheere vermochte er Landschaft um Landschaft und auch das bisher unbezwungene Hinterland zu unterwerfen. Dabei entwickelten sich freundlichere Kampfmethoden. Der Ordensritter Ludwig von Liebenzell wurde zweimal gefangen. Er konnte mit dem feindlichen Führer Skumand wie ein Freund umgehen und in seiner zweiten Gefangenschaft 1600 Leute bekehren. Der Orden gewährte allen, die sich freiwillig unterwarfen, große Rechte, den Anführern, wie Skumand, die Stellung von Edlen. So endete der große Aufstand 1283 in Preußen, 1290 in Livland.

In den folgenden hundert Jahren rang der Orden mit den heidnischen Samaiten in Litauen. Es war einerseits ein Glaubenskampf, anderseits eine Notwendigkeit für den Ordensstaat, dessen unverhältnismäßig lange Front ohne das samaitische Hinterland auf die Dauer nicht zu halten war. Ein Blick auf die Karte um 1400 zeigt das deutlich: am Meer der schmale Streifen der Ordensländer, dahinter der riesige litauische Machtbereich, dessen Keil Samaiten Preußen und Livland voneinander trennte. Abgesehen davon waren die Litauer auch ein ernsthafter Angreifer für den Orden gewesen: bis 1290 machten die Litauer wenigstens 30 Einfälle in das Ordensland und führten dabei jedesmal Mengen von Vieh, Hausrat und Menschen fort. Sie waren die Angreifer zu einer Zeit, als die Ordensbrüder mit den anderen Feinden mehr als genug beschäftigt waren.

Aber während der Orden im eigenen Lande zu tun gehabt hatte, war das kleine Litauervolk zum Großstaat erwachsen, dessen Machtbereich sich nach 1350 bis Moskau und zum Schwarzen Meer vorschob. Gegen die Hilfsmittel dieses riesigen Gebietes und gegen die Kampfkraft des litauischen Volkes richteten die gut geführten und militärisch hochwertigen Ordensheere nichts aus: bei Gefahr vernichteten die Litauer einfach alle Hilfsmittel, ließen ihre Burgen verlorengehen und wichen in das weite Hinterland zurück. Umgekehrt erlagen die litauischen Heere jedesmal, wenn sie große Einfälle in das Ordensland machten. So wurde Großfürst Witowt 1311 mit seinen 4000 Streitern bei Woplauken gefaßt, als er sein Heer und 1200 Verschleppte mit einem achtfachen Verhau genügend geschützt erachtete. Sein Nachfolger Gedimin fand 1336 vor Georgenburg den Tod. Gedimins Söhne Olgierd und Kinstute wurden vom damaligen Großkomtur Winrich von Kniprode – später Hochmeister – 1348 über das vereiste Flüßchen Strebe gelockt und in den Fluß zurückgeworfen, dessen Eis brach und die Niederlage zur Katastrophe machte. 1370 wurden beide Brüder bei Rudau geschlagen. Hier warf Hochmeister Winrich den gegenüberstehenden feindlichen Flügel in wilde Flucht und stieß dann, ohne wie üblich zu verfolgen, dem anderen bisher siegreichen litauischen Flügel in die Flanke.

Von 1230 bis 1283 hatten die Ordensbrüder einen Staat geschaffen, der von der Weichsel bis zum Finnischen Meerbusen reichte. Eine dauernde Erweiterung erfuhr derselbe nur mehr nach Westen. Hier geriet das Herzogtum Pommerellen, das etwa 8000 km^2 große Gebiet links der Weichsel, in Auflösung, als Svantopolk starb. Um die Nachfolge stritten sich polnische Teilfürsten, die Brandenburger und der Herrscher der Insel Rügen. Die Rechts- und Machtfragen um das Herzogtum Pommerellen sind so verwickelt, daß sie in einem kurzen Abriß nicht behandelt werden können. Nur folgendes sei gesagt: Pommerellen war vor 1226 Polen unterworfen, dann unabhängig. Polen hatte also nur verjährte Ansprüche. Herzog Władisław bekam Pommerellen bloß durch die Wahl der Großen des Landes. Er verzichtete zweimal feierlich auf dasselbe. Sein Nachfolger überließ Pommerellen den Brandenburgern. Für Polen bedeutete aber der Besitz Pommerellens den Zugang zum Meer, die Erfüllung alter Ansprüche und die Möglichkeit, den schmalen Ordensstaat, der wie ein Riegel zwischen Polen und dem Meere lag, vom deutschen Mutterlande abzuschneiden und von Süden und Westen her zu erdrücken. 1309 war das offene Land von brandenburgischen Truppen, die Burg von Danzig von solchen des nordpolnischen Herzogs Władisław Lokietek besetzt. Als letzterer um Hilfe bat und dafür die halbe

Burg Danzig zusicherte, drängte ein Ordensheer die Brandenburger aus dem Lande, zwang aber auch die Leute Lokieteks zum Abzug, als er den Ersatz der Kriegskosten verweigerte.

Die weitschauenden Leiter der Ordenspolitik werden mit dieser Möglichkeit gerechnet und darum in Pommerellen so entschlossen zugegriffen haben, obwohl sie sich sagen mußten, daß sie damit vielleicht den Kampf und die Feindschaft mit einem christlichen Königreiche heraufbeschworen. Wladisław Lokietek strengte gegen den Orden einen großen kirchlichen Prozeß an, und als dieser nicht zum Ziel führte und Wladisław, zum König von Polen gewählt, die Macht des ganzen Reiches hinter sich hatte, begann er 1329 den offenen Krieg. Zwei Jahre hintereinander stießen die Polen in das Ordensland vor, scheiterten aber an den mächtigen Burgen. Die beiden folgenden Jahre ging der Orden zum Angriff über, erlitt das erstemal wohl eine halbe Niederlage bei Płowce, konnte aber 1332 polnische Grenzgebiete besetzen und behaupten. Als König Wladisław 1333 starb, gab sein Nachfolger Kasimir den offenen Krieg auf, versuchte auf Betreiben der Großen des Reiches durch einen neuen Prozeß Pommerellen zu gewinnen, schloß aber, vom Papst selbst dazu ermahnt, 1343 mit dem Orden Frieden auf der Grundlage, daß dieser Pommerellen behalten, die späteren Eroberungen herausgeben sollte.

Als in den folgenden Jahrzehnten die westlich von Pommerellen ansässigen großen und kleinen Dynasten immer mehr in Geldschwierigkeiten gerieten und ihren Besitz veräußerten, kaufte der Orden die Landstriche bis zur Oder auf, um sie nicht den Polen zu überlassen, die dem Orden seit 1309 feindlich gesinnt waren.

Diese Entwicklung hatte den Orden zu einem souveränen Staat gelangen und damit zu einem unübergehbaren Machtfaktor nicht nur im Ostseebereich werden lassen. Er besaß internationales Ansehen und seine Beziehungen gingen durch ganz

Europa, von seinen verschiedenen Niederlassungen wirkungsvoll gefördert. Er galt als das Ideal des Kreuzfahrertums schlechthin und im 14. Jahrhundert in Europa als die eigentliche Verkörperung der Kreuzzugsidee, aus welcher er entstanden war. Das zeigte gerade die Entwicklung Preußens am deutlichsten. Bereits die Eroberung und Unterwerfung mit der anschließenden Bekehrung zum Christentum und Taufe war ein Werk europäischer Gemeinschaftsleistung, vom Orden geführt. Der friedliche Ausbau des Landes geschah auf derselben Basis der Zusammenarbeit, verständlicherweise in erster Linie mit dem deutschen Reich, so daß die Bevölkerung des Preußenlandes ein buntes Gemisch aus allen deutschen Landschaften ebenso wie den angrenzenden polnischen Gebieten, vor allem aber auch aus der prußischen Urbevölkerung darstellte. Entgegen auch heute noch vorgetragenen Angriffen gegen den Orden zeigt die ganze historische Überlieferung, daß er keineswegs die Urbevölkerung ausrottete, sondern sie seinem Staatswesen als Untertanen einordnete. Wie hätte der Orden auch einen Staat aufbauen sollen, wenn er einen großen Teil des zukünftigen Staatsvolkes ausrottete? Das beste Zeugnis sind noch heute lebende Nachfahren dieser prußischen Ureinwohner.

Doch dieser ungeheure äußere Aufschwung des Ordens, der ihn von einem kleinen Feldlazarett vor Akkon zu einem der reichsten Souveränen des mittelalterlichen Europa in seinem preußischen Staat geführt hatte, beruhte auf einer Kraft, die aus inneren Beweggründen kommen mußte, die nicht nur physischer Natur sein konnte. Sie fand ihren Ursprung in der Doppelstellung des Ordens, daß der Ritterbruder nicht nur Kämpfer, sondern auch Mönch war, eine Besonderheit gerade jenes späten Mittelalters. Ohne den Versuch zu machen, diese uns heute nur schwer begreifliche Doppelfunktion des Ordens zu verstehen, entzieht sich uns die Beurteilung jener Entwicklung.

II. Inneres Leben

Es ist nicht einfach, die Idee, das beseelende Element der Ritterorden zu schildern. In wenige Verse versuchte Schiller zu fassen, was die Wissenschaft seit Jahrhunderten zu stets neuen Darstellungsversuchen herausfordert:

Herrlich kleidet sie euch, des Kreuzes furchtbare Rüstung,
Wenn ihr, Löwen der Schlacht, Akkon und Rhodos beschützt,
Durch die syrische Wüste den bangen Pilgrim geleitet,
Und mit der Cherubim Schwerdt steht vor dem heiligen Grab.

Die Erhöhung des Einzelnen in seiner hohen und gleichzeitig barmherzigen Aufgabenstellung, die den Vergleich mit biblischen Parallelen geradezu herausforderte, das Streben nach geistlichem Lohn aufgrund hohen Einsatzes für den Schutz und die Forderungen der Kirche, seine kämpfende Kraft in ursprünglicher Gläubigkeit für die Ideale ritterlichen Lebens einsetzen zu dürfen, das war Traum und Zielvorstellung sehr vieler Männer, die sich unter dem Namen Rittertum zum Wehr- und Schutzstand des Abendlandes herangebildet hatte.

Als um 1095 Kreuzzugsprediger die Unterdrückung der Christen, die Entweihung zahlloser heiliger Stätten, den seit 400 Jahren währenden Angriff des mohammedanischen Glaubensfeindes schilderten, fühlte sich das Rittertum von einer elementaren, unwiderstehlichen Macht ergriffen und zog in den heiligen Kampf.

Sicher kamen auch sehr profane Gründe hinzu, wie Übervölkerung, Verarmung des Rittertums, Abenteurerlust und Gewinnstreben, doch vermochten jene ideellen Ansätze zumindest anfangs nicht nur zu begeistern, sondern auch zusammenzuhalten und sogar zum Kreuzzug zu veranlassen. Die Kenntnis der mittelalterlichen Dichtung, wie der Nibelungen- und Gudrunsage oder Wolframs Parzival vermag es, diesen ritterlichen Geist näherzubringen, jenen Gedanken nachfolgen zu können.

Die ungeheuren Menschenverluste machten aber Einsichtigen bald klar, daß Begeisterung und persönliche Tapferkeit in dem gewaltigen Kampfe nicht genügten, daß er nur mit gut geschulten, in gesunden und kranken Tagen mit allem Nötigen wohlversorgten Heerscharen erfolgreich geführt werden könne – Dinge, an welche die ersten Kreuzfahrer nicht einmal richtig gedacht hatten.

So kamen die Gründer der Ritterorden fast zwangsläufig zum Entschlusse, die höchsten Ideale der Zeit, Mönchtum und Rittertum, zu vereinigen. Aus dieser Synthese von Kraft und Disziplin erwuchsen die Ritterorden. Sie haben mit ihren wohlgeordneten Scharen und durch ihr Beispiel den Islam im Orient und in Spanien fast 200 Jahre lang gelähmt und dem Abendland die Frist verschafft, dem Orient auf allen Gebieten ebenbürtig zu werden, wenn auch die Gefahr für die Christenheit erst gut ein Jahrtausend nach dem Tod Mohammeds 1683 endgültig gebannt war.

Die Gründer der Ritterorden mußten für ihre Mönchsritterscharen Regeln, das heißt Lebensnormen verfassen, die den Aufgaben angepaßt waren. Die bekannten Regeln des hl. Benedikt und des hl. Augustin mit ihren zahlreichen Abzweigungen waren nicht verwendbar, denn sie waren verfaßt für geschlossene und abgeschlossene Kommunitäten. Die Ritterorden dagegen brauchten starke, stets mobile Kräfte. So trat bei ihnen die Abtei ganz zurück zugunsten kleinerer Häuser, die unter sich zu einer Provinz zusammengeschlossen wurden und insgesamt einem Generalobern unterstanden. Sie brachten dem Ordensleben als Neues das Provinzsystem.

Die Stifter der Ritterorden waren aber im Ordensleben zu wenig erfahren und theologisch sowie juristisch ungeschulte Männer. Sie wagten daher nicht, selbst Regeln zu entwerfen, sondern ließen sich solche nach dem Vorbilde der zur Zeit bekannten Regeln der Heiligen Augustin und Benedikt verfassen. Johanniter und Templer bedurften aber in ihrer Regel auch der Bestimmungen für den Krankendienst, für das Militärwesen und für den Verwaltungsapparat ihrer neuen Provinzialordnung. Das führte sie zur Gliederung des Stoffes in: Regel, Gesetze, Gewohnheiten, oder Bestimmungen für das geistliche Leben, für den Verwaltungsapparat und die Organisation, für spezielle Fälle. Die Anlehnung an die Benediktinerregel blieb verschiedentlich aber zu stark und verursachte Bestimmungen, die nur für ein geschlossenes Kloster möglich waren. Da wären beispielsweise Bestimmungen zu nennen, wie sie auch zum Teil die Zisterzienser kannten: Es soll jährlich ein Generalkapitel im Mutterhause stattfinden – man denke nur an die Entfernungen; alle Käufe und Veräußerungen sind vom Generalkapitel zu bewilligen; alle Kandidaten haben im Mutterhause um Aufnahme persönlich anzusuchen. Das waren Bestimmungen, die nur auf ein kleines Gebiet zugeschnitten sein konnten, etwa das Heilige Land, aber europäische Niederlassungen eigentlich schon nicht mehr einzuschließen vermochten, geschweige denn einer solchen Ausdehnung wie der des Deutschen Ordens von Akkon bis Narwa gerecht werden konnten.

Der Deutsche Orden übernahm anfangs die Regel der Templer und Johanniter, hatte also zwei Regeln nebeneinander. Beide waren um 1200 in manchem veraltet und besonders für die nordischen Verhältnisse nicht berechnet. Daher mußten weitere Gesetze erlassen werden. Man hätte sicher schon früher eine einheitliche Regel geschaffen, wenn nicht das Vierte Laterankonzil von 1215 festgesetzt hätte, neue Orden dürften keine eigene neue Regel verfassen, sondern müßten eine bereits bestehende übernehmen. Um die für den Deutschen Orden damit vorliegenden Schwierigkeiten zu beseitigen, erteilte

Papst Innozenz IV. am 9. Februar 1244 das Indult, Bestimmungen der Regel ändern zu dürfen, soweit solche für das geistliche Leben ohne Bedeutung wären.

Auf dieses Indult hin entschloß sich der Orden zur Umarbeitung und Vereinigung aller geltenden Ordensgesetze in der *Regel der Brüder des Deutschen Hauses St. Mariens zu Jerusalem.* Man behielt den Aufbau der Templerregel (Regel, Gesetze, Gewohnheiten) klugerweise bei, ließ aber viele kleine oder zeit- und ortsbedingte Bestimmungen weg und gab den anderen fast durchwegs eine viel kürzere und präzisere Fassung. So wurde die Ordensregel zu einem wirklichen Monumentalwerk mit oft klassischen Kapiteln, wenn sie sich auch gewiß nicht von allen Schwächen ihrer Vorlagen freizumachen wußte.

Die Regel des Ordens war für Menschen, die ganz aus dem Glauben lebten. Sie stellte erschreckend hohe Anforderungen: daß alle Brüder täglich etwa fünf Stunden in religiösen Übungen zu verbringen hätten; daß Unterhaltungen außer dem Hause, Ritterspiele und Jagd – ohne die Ritter fast nicht zu leben wußten – untersagt waren; daß an 120 Tagen des Jahres nur Fastenspeisen unter Ausschluß von Milch- und Eierspeisen erlaubt seien. Bewußte Lüge, etwas außer der Zeit essen, Verleumdung, einen Weltmenschen mit der Hand schlagen, machte der Buße schuldig; wer einen Christen blutig schlug, wer Ordensgeheimnisse verriet, verfiel der vollen Jahresbuße, das hieß ein Jahr lang mit den Dienstboten leben und arbeiten, an drei Wochentagen bei Wasser und Brot fasten und jeden Sonntag die Disziplin, das ist Geißelung, erdulden. Wer mit Eigentum im Sterben befunden wurde, ohne daß er selbst bekannte, dessen Leib mußte auf offenem Felde oder an der Düngerstätte begraben werden.

Über Kleid und Abzeichen des Ordens können mit Sicherheit nur einige Angaben gemacht werden. Die Brüder werden sich von Anfang an der klösterlichen Tracht anbequemt haben. Ordensfarben waren Weiß, Schwarz, Braun oder Grau. Weiße

Kleider hatte der Deutsche Orden nicht, ob schwarze oder braune für alle Mitglieder oder für die eine oder andere Gruppe, kann mit Sicherheit nicht festgestellt werden.

Nach der Erhebung zum Ritterorden trugen die Ritterbrüder weiße Mäntel mit dem schwarzen Kreuz, die anderen Brüder und die Ordensschwestern einen Mantel von der Farbe der übrigen Kleider mit dem ganzen oder halben Ordenskreuze, letzteres Halbbrüder, Halbschwestern und Familiaren des Ordens. Die Priester scheinen schon früh den weißen Mantel gehabt zu haben.

Der Papst erlaubte mit Bulle vom 13. Februar 1244, daß die Priesterbrüder *camisias albas* über ihren anderen Kleidern tragen dürften, weil weiß dem Altardienst besonders angemessen sei und weil sich die Klerikerbrüder durch ihr Kleid von den anderen Brüdern abheben sollten. *Camisia alba* kann nach der Absicht und Begründung des Papstes nur *Talar* heißen, nicht *Chorrock,* wie vielfach angenommen wurde. Es ist zu vermuten, daß dieses Indult ohne Wissen und nicht zur Freude der ritterlichen Ordensleitung erwirkt wurde und daß diese den Klerikerbrüdern den weißen Mantel gewährte, um sie vom weißen Talar abzubringen.

Der Orden hatte verschiedene Klassen von Mitgliedern: Ritterbrüder – Priester – Andere Brüder – Halbbrüder – Ordensschwestern – Ordenshalbschwestern und Familiaren.

Für die Ritterbrüder war ritterliche Abstammung erst verhältnismäßig spät vorgeschrieben. Die *anderen Brüder,* identisch mit den Sariantbrüdern, waren Vollbrüder des Ordens, leichtbewaffnete Hilfskämpfer und oftmals niedere Amtsträger. Die Halbbrüder entsprachen den Laienbrüdern der heutigen Orden, die Halbschwestern dienten bei den Kranken und in der Wirtschaft. Ordensschwestern hatten die Templer nicht, wohl aber die Johanniter. Der Deutsche Orden übernahm im 13. Jahrhundert mehrere Spitäler samt den dort lebenden Brüdern und Schwestern. Dann scheint er, wie die Templer, dieses System der Doppelklöster aufgelassen, dafür aber eigene Schwesternhäuser errichtet zu haben. Solche sollen zu Bunn und Schotten in Holland bestanden haben und sind nach 1342 nachgewiesen zu Bern in der Schweiz und zu Frankfurt am Main. Die Berner Schwestern, merkwürdigerweise genannt *Die weißen Frauen zu Rüwenthal,* wurden 1326 durch den Ordensbruder und Pfarrer Theobald Baselwind als Frauenverein gestiftet, 1342 in den Orden aufgenommen. Für Schwestern in Frankfurt a. M. erbaute der Bürger Weiker Frosch 1342 Kloster, Frauenspital und Kapelle zu St. Katharina. Die Familiaren waren Weltleute, die sich unter die Leitung des Ordens stellten und ihm ihr Vermögen ganz oder teilweise zubrachten.

Die Zahl der Ordensmitglieder im Mittelalter kann nicht einmal geschätzt werden. Wir wissen aber, daß die preußischen Kommenden Danzig und Balga, Königsberg und Ragnit, abgesehen von Marienburg, 20–60 Brüder zählten, Weißenstein und Fellin und Riga in Livland 28–60 Brüder. Die Deutschen Balleien hatten schon um 1379 nur 701 Brüder, eine für die Aufgaben erschreckend geringe Zahl.

Unter den Ordensbrüdern finden wir Männer, die vorher in der Welt verheiratet und hochangesehen waren. So trat die ganze Familie Langenstein zu Mainau in den Orden; Heinrich von Weida stiftete für seine Frau das Kloster Kronschwitz, trat in den Deutschen Orden und wurde preußischer Landmeister. Ein Konrad von Hochstede trat, ähnlich wie 1234 Landgraf Konrad, mit seinem ganzen Gefolge in den Orden. Der hl. Engelbert, Erzbischof von Köln, die Mystikerinnen Christina Ebner und Dorothea von Montau erwählten sich Deutschordenspriester als Seelenführer. Ordensbrüder waren am Hofe von drei böhmischen Königen um 1300 als Vermittler und Berater segensreich tätig; Bruder Walter von Sulz und Bruder Peter von Stoffeln schlichteten blutige, langwierige Fehden am Oberrhein und in der Schweiz. Bruder Berthold von Buchegg war auf dem Fürstentag zu Rense *das hauptsächlichste Hindernis* gegen die Erhebung des französischen Königs zum Kaiser und verhinderte den Bürgerkrieg in Deutschland. Bruder Anselm gilt auch bei den Gegnern des Ordens als einer der größten Bischöfe Ermlands. Bruder Heinrich, Bischof von Trient, kämpfte als letzter für die Größe des Bistums. Deutschordensbrüdern wurden 1236 die babenbergischen Familien- und Urkundenschätze zur Verwahrung übergeben; Deutschordensbrüder opferten sich 1310, um König Heinrich VII. vor schmählicher Gefangennahme durch die Mailänder zu retten. Zahlreich sind auch die Zeugnisse über exemplarisch frommen Lebenswandel der Brüder in verschiedenen Kommenden. Dies ist sicher bedeutender als die Verfehlungen mancher Brüder, die so selbstverständlich sind wie eine Gemeinschaft eben aus Menschen besteht, die Kinder ihrer Zeit sind.

In der Regel ist auch der ganze organisatorische Aufbau des Ordens genau enthalten. An der Spitze desselben steht der auf Lebenszeit gewählte Hochmeister, lateinisch *Magister,* dann *Magister generalis* genannt; ihm zur Seite stehen die fünf Großgebietiger: Großkomtur, Marschall, Trapier, Treßler, Spitler. Deutschland, Livland und Preußen hatten ihre Landmeister (*Magister Germaniae, Magister Livonie, Magister Pruscie*). In Preußen trat nach 1309 der Hochmeister an Stelle des Landmeisters. Die einzelnen Balleien unterstanden einem Landkomtur. Von den Häusern hatten die größeren, das sind die mit 13 Brüdern, Komture, die kleinen Pfleger. Wir finden oft Komture auch in kleinen Häusern, vielleicht weil sie als Komtureien geplant waren oder früher einen vollen Konvent, das sind 13 Brüder, hatten. Die 13-Zahl galt als Idealzahl, orientiert an Christus und seinen Jüngern. Die örtlichen Gegebenheiten ließen jedoch Über- wie Unterschreitung dieser Idealvorstellung zur Regel werden.

Hochmeister, Landmeister und ihre Gebietiger wurden ausschließlich aus den Ritterbrüdern, Landkomture und Komture in den kleinen Balleien auch aus dem Kreise der Priesterbrüder gewählt. Für den Verwaltungsdienst mußten natürlich weitere Ämter geschaffen werden. Die obersten Beamteten hatten bestimmte Ehrenrechte: eigene Fahne, mehr Pferde als die einfachen Ritterbrüder, Hilfskräfte. Der Hochmeister verfügte auch über mehrere Brüder zum persönlichen Dienst und trug als Auszeichnung Schild, Mantel und Waffenrock mit dem Hochmeisterkreuz.

Das Kreuz des Hochmeisters hat im Mittelalter den Reichsadler auf Goldgrund, in den Kreuzarmen goldene Balken, die in goldenen Lilien enden. Der Reichsadler dürfte auf die Bulle Friedrichs II. vom März 1226 zurückgehen. Ob die goldenen Balken auf eine Verleihung des Königs von Jerusalem zurückgehen, die Lilien auf König Ludwig IX. den Heiligen von Frankreich, ist nicht feststellbar. Das Hochmeisterkreuz in dieser Form erscheint nachgewiesen schon auf dem Schild des Hochmeisters Karl von Trier 1311 bis 1324, ja schon in einem Fresko im Deutschen Hause zu Wien, gemalt spätestens 1259.

Hingewiesen sei noch auf die Bestimmungen über die Hochmeisterwahl. Die Versammlung der Brüder wählte einen Wahlkomtur. Dieser erkor sich einen Mitbruder, beide zusammen einen dritten usw., bis die Zahl 13 erreicht war. Diese 13 Männer bildeten das Wahlkapitel. Bei der Wahl selbst nannte der Wahlkomtur den Namen dessen, den er für den Würdigsten hielt. Die anderen zwölf Wähler konnten zustimmen oder einen anderen fordern. Diese Wahlmethode hätte zu verderblicher Günstlingswirtschaft führen können. Tatsächlich aber wurden bis 1500 durchaus bewährte, sittlich hochstehende und – bis auf wenige Ausnahmen – hervorragende Männer zu Hochmeistern erkoren, ein Beweis, wie ernst die Pflicht gegen den Orden genommen wurde.

Etwas dunkel ist nur die Gestalt des Hochmeisters Gerhard von Malberg, den die Brüder nach drei Jahren zur Abdankung zwangen. Gottfried von Hohenlohe wurde nicht zu Recht zur Abdankung bewogen und konnte sich jahrelang nicht beruhigen. Konrad von Wallenrode erscheint in seinen Taten und in der Geschichtsschreibung seiner Zeit als eine der gewaltigsten Persönlichkeiten des Ordens, wurde aber nach 1410 zum Gegenteil verfälscht. Heinrich von Plauen, der berühmte Verteidiger der Marienburg, wäre als Hochmeister groß gewesen, wenn er seine Kompetenzen beachtet hätte.

Wie die Häuser des Ordens beschaffen sein sollten, bestimmte die Regel nicht. Aber es gab darüber ein Gewohnheitsrecht. So wurden vorausgesetzt: die Kapelle; der Kapitelsaal zu Beratungen und disziplinären Übungen; der Speisesaal, meistens Remter genannt, der zugleich wie die Stube im deutschen Bauernhaus als Familienraum diente; der Schlafsaal für alle Brüder; ein oder zwei Zimmer für den Oberen des Hauses; ein kleinerer oder größerer Trakt mit eigenem Remter für die kranken Brüder; Küchen- und Kellerräume, Bäckerei, Brauerei und größere Depoträume; nicht allzu weit von der Kommende entfernt Wirtschaftshöfe mit den nötigen Wohnungen für das Dienstpersonal. Bei den preußischen und livländischen Grenzburgen mußten die Wirtschaftshöfe weit ins sichere Hinterland verlegt werden. Ragnit, die gewaltige Lagerfestung gegen Litauen, hatte sie zu Labiau, 80 km entfernt.

Ein Deutschordenshaus im Sinne einer bestimmten architektonischen Einheit hat es nie gegeben. Wir finden z. B. in den großen Kommenden Beuggen bei Basel und Gemert in Belgien nichts als einen Wohnturm, eine Kapelle und eine kleine Infirmarie. In den noch bedeutenderen Kommenden Horneck, Virnsberg und Mainau diente die vorhandene Burg, gewiß eine einfache Ritterburg, als Wohnraum der Brüder. Nur in Preußen und Livland kam langsam die im Viereck geschlossene klosterartige Anlage zur Ausbildung. Die Entwicklung war: Blockbauten – unregelmäßig aufgestellte Ziegelbauten – Bauten in Rechteck um Innenhof, aber noch zwei oder eine Seite nur mit einer Mauer – Wohnbauten als architektonische Einheit um Innenhof.

Marienburg in Preußen, Hochmeisterresidenz 1309–1457

·ETATIS·SVE
·AN NO·
·3Z· ·I·5·
·ZZ·

Aber auch bei den riesigen Konventen, wo neben 30–80 Brüdern eine mehrfache Zahl von Knappen und Hilfsvölkern und oft auch größere Scharen von Kreuzfahrern unterzubringen waren, blieben die Ausmaße sehr bescheiden. Zu Ragnit und Riga war der gesamte Wohnraum auf ein Stockwerk des nicht ganz 60 m langen und breiten Baues beschränkt. Auch die einzelnen Räume waren verhältnismäßig klein, selbst die Kapelle, die selten die Maße von 20 bis 30 m Länge überschritt. In Preußen und Livland wurde sie aus Sicherheitsgründen dem Schloßbau ganz eingefügt.

Nur im Gewölbebau und in den Heizanlagen – wenigstens der preußischen Ordenshäuser – ging man von der Einfachheit ab, aber sehr zweckmäßig. Die Ordensarchitekten kannten alle Wölbungsarten ihrer Zeit und benützten sie nebeneinander. Für Kapelle und Kapitelsaal schufen sie ungemein reiche Muster, das sogenannte Sterngewölbe, bei dem vom Mittelpunkt bis zu 24 Rippen ausgehen. Solche Gewölbe erscheinen auf den ersten Blick für einen Burgbau zu leicht, tatsächlich haben sie aber jahrhundertelang gehalten und mußten in der Ordenszeit als Böden für die großen Getreidespeicher dienen.

Die Kirchen der Ordenskommenden sind künstlerisch ausnahmslos hochwertig: Bozen, Friesach, Graz, Wien, Würzburg, Sachsenhausen und besonders St. Elisabeth zu Marburg. In den Kapellen und Kapitelsälen wurde auch Freskomalerei geduldet und zum Teil sehr reich angewendet. Prunkvoll in gewissem Sinne waren nur drei Repräsentationsräume der Hochmeisterresidenz in der Marienburg. Als Regent eines bedeutenden Staatswesens mußte das Ordensoberhaupt auch auf Repräsentation bedacht sein.

In der Beheizung schuf sich der Orden, wohl gestützt auf Kenntnisse aus dem Orient, ebenso zweckmäßige wie billige Anlagen von Zentralheizung. Von einem im Keller angebrach-

Hochmeister Albrecht von Brandenburg-Ansbach (1511–1525)

ten Füllofen für Holzfeuerung wurde die trockene warme Luft durch Tonröhren zu verschließbaren Öffnungen in den Fußböden geführt. Über dem Ofen wurden pyramidenförmig große Feldsteine aufgeschichtet. Sobald sie durch das Feuer erhitzt waren, wurde gesorgt, daß keine Rauchentwicklung mehr stattfand, sodann der Kamin geschlossen und die eisernen Türen zu den Heizrohren geöffnet. Proben haben ergeben, daß mit diesen erhitzten Steinen eine mehrere Tage anhaltende Wärme erreicht wurde.

Die Wirtschaftshöfe der Kommenden waren oft überraschend groß. So hatte das kleine Ibersheim bei Worms 135 Stück Großvieh, Dieren am Niederrhein 71. Die preußischen Ordensschlösser, die zugleich Landesfestungen und Staatsdomänen waren, hielten auf ihrem 110 000 ha großen landwirtschaftlichen Grund 13 000 Pferde, 10 000 Rinder, 19 000 Schweine, 61 000 Schafe. Sie mußten für Kriegszeiten und Belagerungen auch mit gewaltigen Vorräten an Getreide, Malz und Hopfen ausgerüstet sein.

Über das Wirken der Brüder kann man nur aus gelegentlich hingeworfenen Äußerungen der Chronisten sich ein Bild machen, weil diese im allgemeinen nur auffällige Ereignisse berichten. Beim Deutschen Orden besteht zudem der mißliche Umstand, daß bisher ältere Aufzeichnungen aus der Hand von Ordensbrüdern nur in Preußen und Livland gefunden wurden. Aus diesen können wir über das Wirken des Ordens feststellen:

In reiner Kulturarbeit an Grund und Boden haben die Ordensbrüder in Preußen Erstaunliches geleistet. Weite Urwaldflächen wurden nach wohlüberlegten Plänen gerodet. Dadurch ward Platz für mehr als 90 Städte und etwa 1200–2000 Dörfer gewonnen, ohne die Dörfer der Prußen schädigen zu müssen. Sie lebten in Besitz, Bräuchen und Sprache noch lange fort bis zu ihrem Aufgehen in der Gesamtbevölkerung. Prußische Kirchen und zwei Seminare für Prußen bestanden bis ins 16. Jahrhundert; 1350 verfaßte ein Ordensbruder ein prußisches Wörterbuch und Abel Will in der Neuzeit einen prußischen Katechismus. Das Prußische ging einfach wie das Ladinische in den Alpen in die überlegene deutsche Sprache und Kultur auf.

Das Rodungswerk dehnte sich über ganz Ost- und Westpreußen aus, ein Gebiet von der Größe Bayerns. Es erfaßte die weit ausgedehnten Urwälder und Sümpfe. So wurde das Weichseldelta mit etwa 150 000 ha aus einem Riesensumpf zur Kornkammer Preußens. Die gleiche Arbeit an dem noch größeren Memeldelta zu leisten, fand der Orden nicht mehr Zeit. Bei diesem Kulturwerk arbeitete der Orden systematisch auf Schaffung eines lebenskräftigen Bauernstandes hin, bei deutschen Siedlern mit 33–40 ha Grund für die Familie, bei prußischen mit 20–25 ha, wobei 30 ha sicher als reich, 20 ha als ausreichend angesehen werden können.

Der landwirtschaftliche Ausbau des Landes in der Ordenszeit ermöglichte es, daß das kleine Preußen trotz des hohen Eigenbedarfes gewaltige Mengen von Getreide ausführen konnte. So lagen allein 1390 im Hafen von Danzig 300 englische Getreideschiffe.

Der Orden sorgte aber darüber hinaus für den Aufbau eines starken bodenständigen Gewerbes. Ein Netz von großen und kleinen Mühlen mit oft meilenlangen Oberwasser-Zuleitungen wurde geschaffen; das Schlosser-, Tischler- und Baugewerbe muß hochentwickelt gewesen sein, sonst hätten von 1280 bis 1400 nicht an 60 Ordensburgen, jede eine kleine Stadt für sich, an 90 Städte und 1500 Dörfer ausgebaut werden können. Beim Mangel an Bausteinen mußte zum Ziegelbau gegriffen werden. Dafür wurden gigantische Ziegelöfen geschaffen, wie die zu Mösland und Bütow mit Fassungsraum für 75 000 und 40 000 Ziegel und Holzverbrauch von 9000 und 4000 Raummetern jährlich.

Handel war in beiden Ordensländern um 1200 – außer mit etwas Bernstein – noch weitgehend unbekannt. Dann wurden sie für England und für die Niederlande, dem Industriezentrum des Nordens, zum Großlieferanten an Holz, Getreide, Honig und Wachs, Bernstein, Pelzen und Safran, dem wichtigsten Farbstoff jener Zeit; preußische Kaufleute holten diese Waren auch aus Rußland, Polen und Schlesien. Umgekehrt vermittelten sie dem Nordosten Europas Salze und Tuche, Wein, Gewürze und überseeische Produkte. Der Handelsumsatz für Preußen wird um 1400 auf 70 000 Mark Silber geschätzt. Zur Wertung dieser Angabe mögen folgende Zahlen dienen: 1395 kostete der Scheffel Weizen (= 900 kg) 3 Schillinge, ein Ochse 8 Schillinge. 60 Schillinge sind 1 Mark Silber. 70 000 Mark Silber hätten also dem Wert von 525 000 Ochsen entsprochen.

Zur Hebung des Handels scheute die Ordensleitung auch vor kühnen Kanalprojekten nicht zurück, um billige und leistungsfähige Verbindungen zu schaffen. Die großen Handelsmächte jener Zeit, wie Holländer und Lübecker, schleppten ihre Schiffe lieber übers Land, statt kurze Kanalstücke zum Rhein und zwischen Ost- und Nordsee zu ziehen. Die Ordensleitung dagegen begann schon 1395 den Deimegraben, durch den Seeschiffen die Fahrt von Danzig bis Kowno ermöglicht werden sollte, ohne die stürmische Ostsee berühren zu müssen. Der Plan der Ordensleitung, Währung, Maß und Gewicht im ganzen Lande zu vereinheitlichen, scheiterte am kurzsichtigen Widerstand der Städte.

Einmal bot der Orden sogar seine militärische Kraft auf, um dem Handel freie Bahn zu schaffen. Nach 1380 setzten sich Seeräuber auf der Insel Gotland fest, vermehrten sich durch ständige Zuzüge und legten schließlich mit 300 Segeln den ganzen Handel in der Ostsee lahm, für Deutschland und die Niederlande ein vernichtender Schlag. Die Handelswaren, wie der wichtige Hering, Tuche, Getreide, Holz, blieben ganz aus oder kosteten das Zehnfache. Jahrelang bemühten sich die Seemächte vergebens um ein einheitliches Vorgehen gegen die Räuber. Da berief Hochmeister Konrad von Jungingen Vertreter der preußischen Städte für den 23. Januar 1398 auf die Marienburg und legte ihnen den Plan vor, Orden und Städte sollten bis 22. Februar 10 Koggen, das sind große Schiffe, und 31 kleinere Kriegsfahrzeuge, die nötigen Lastschiffe und 4000 Mann bereitstellen. Am 22. Februar früh meldete der Kommandant, 84 Segel und die 4000 Mann seien fahrtbereit. Man hatte mit einer derartigen Präzision des Aufmarsches nicht gerechnet, denn im Februar wäre das Auslaufen Tollkühnheit gewesen. Die Armada mußte bis 17. März warten. Niemand erfuhr, gegen wen sie aufgestellt war. Am 17. März erfolgte die Abfahrt, am 21. die Landung auf Gotland. Durch tiefen Schnee schleppten die in den Litauerzügen geschulten Männer das schwere Belagerungsgerät zur Piratenstadt Wisby und zu den drei großen Raubburgen. Drei Wochen später war Gotland von den Piraten gesäubert. Die in den finnischen Schären und an anderen Orten hausenden Piraten wurden von solch panischem Schrecken ergriffen, daß sie aus der Ostsee verschwanden, in der der Handel nach einem Jahre wieder in vollem Umfang weiterging. Der Orden wäre Gotland gerne wieder losgeworden, besonders als Königin Margareta von Schweden, Dänemark und Norwegen auf Räumung *der zu ihrem Reiche gehörigen Insel* immer heftiger drängte. Sie weigerte sich unnachgiebig, dem Ordensstaat etwas von den Kosten zu ersetzen und ließ im Januar 1403 Gotland durch dänische Truppen besetzen. Das konnte die Ordensleitung nicht hinnehmen. Im März ging eine Flotte nach der Insel ab, vernichtete bei Schonen die dänische Flotte und eroberte Gotland wieder. 1408 wurde es gegen Bezahlung von 9000 Nobel an Schweden zurückgestellt.

Man hat die Ordensleitung schwer getadelt, daß sie Gotland und damit die Machtposition des Ordensstaates in der Ostsee so „planlos“ verschleuderte. Von Verschleuderung kann keine Rede sein, denn es wurde von 1399 bis zum 15. Juni 1408 um eine entsprechende Entschädigung gerungen. Gotland gegen den Willen Margaretas behaupten zu wollen, hätte Anschluß der nordischen Staaten an Polen und Litauen bedeutet. Dieser Gefahr sich auszusetzen, wäre für den Ordensstaat glatter Wahnsinn gewesen.

Die Ordensleitung mußte jederzeit auch auf die militärische Sicherung des Landes bedacht sein. Sie hatte in den Rittern, Knappen und anderen Hilfsscharen des Ordens ein zahlenmäßig nicht sehr starkes, aber qualitativ hervorragendes Korps von etwa 5000 Mann. Es war im Gegensatz zu den Aufgeboten des übrigen Abendlandes jederzeit marschbereit, an strenge Zucht und Zusammenwirken in der Schlacht gewöhnt. Im Kriegsfall stießen zur Ordensmacht die Aufgebote der Ritter und Städte, der Freien und später auch Söldner. Zum Schutze des Landes dienten die mächtigen Ordensburgen, an besonders gefährdeten Punkten sehr nahe aneinandergerückt. Ein System von berittenen, durch das ganze Land verteilten Eilboten sicherte rasche Meldung von feindlichen Anmärschen. Doch auch über den Ordensstaat hinaus war das Postwesen glänzend organisiert. Denn es ist durchaus eine Leistung, wenn man zu Marienburg am 28. September 1429 von der am 17. Juli erfolgten Papstwahl und am 17. Juli 1429 vom Auftreten der Jungfrau von Orleans, das im Frühjahr erfolgt war, erfuhr.

Obwohl Ritter, ließen die führenden Männer des Ordens die militärischen Erfindungen nicht aus dem Auge. 1348 wurden Pulverbüchsen zuerst in Deutschland gebraucht, 1362 donnerten solche schon vor Kowno in Litauen. Um 1408 waren die Ordensburgen mit Büchsen ausgestattet und die Ausrüstung der Feldarmee mit Geschützen im Gange. Der Ordensgeschützgießer Dunnechen erfand dafür das Hinterladersystem.

Wie im Militärwesen war der Ordensstaat im Verwaltungswesen dem übrigen Europa dadurch weit voraus, daß die ganze zivile und militärische Verwaltung durch Ordensbrüder erfolgte, die über Eignung erprobt, von der Pike auf geschult, streng überwacht, jederzeit abberufbar waren und den Staat nichts kosteten: für Kost, Wohnung und Bekleidung, das einzige Entgelt, sorgte die betreffende Kommende. Dieses System bekam der Orden mit der Templerregel, welche wieder auf das großartige Verwaltungssystem der Mohammedaner aufbaute, deren Lehrmeister die Griechen waren.

Am günstigsten wirkte sich die Organisation des Ordens im Finanzwesen aus. Während im Westen des deutschen Reiches über 300 verschiedene Münzen kursierten, die oft jährlich eingezogen und zu Schleuderpreisen eingelöst wurden, Münzverfälschungen zur Tagesordnung gehörten und Steuern bei jedem möglichen Anlaß, wie Feldzügen, Bauten, Heiraten eingezogen wurden, galt im Ordensland bis 1410: eine Münze im ganzen Land in vollwertiger Ausprägung; auch wenn die Prägezeichen verschieden waren, Gewicht und Material mußten übereinstimmen. Jeder Untertan hatte zwar seinem ihm vom Orden zugewiesenen Besitz entsprechend Abgaben zu leisten, war aber darüber hinaus steuerfrei.

Die Ordenskasse stand in einer Zeit chronischer Ebbe in den Staatskassen wohlfundiert da, imstande, das riesige Bauprogramm des Ordens, die Meliorationsarbeiten, die vielen Kriege zu finanzieren, dabei fast 200 000 Mark Silber für Landkäufe aufzuwenden und 1410 trotzdem 150 000 Mark Silber vorrätig zu haben.

Die Ordensleitung leistete darüber hinaus viel für Wohlfahrtspflege. Sie drückte den Zinsfuß von den allgemein üblichen 12 % zuerst auf 10 % und dann auf 8,75 % herab; sie gewährte in Notzeiten Erlaß der Abgaben und Unterstützungen; sie trat anderseits der Verschwendung, der Trunksucht und dem Bettlerwesen scharf entgegen.

Im Hospitalwesen, das den Anfang des Ordens gebildet hatte, dem Ritterorden aber seiner ganzen Struktur nach weniger gemäß, bemühte man sich lange, der alten Tradition treu zu bleiben. Der Orden unterhielt in seinen über 20 Balleien sehr viele Spitäler. Das Hauptspital war zuerst in Akkon, dann zu Elbing. In Deutschland ragte das zu Nürnberg weit über alle anderen hinaus. Hier ließ der Komtur im Jahre 1376 nicht weniger als 26 Bäder für Kranke einrichten und verordnete, daß jeder Kranke einmal wöchentlich gebadet werden solle. An der kleinen Kommende Donauwörth opferte der Komtur Heinrich von Zipplingen im Jahre 1340 sein ganzes väterliches Erbteil zur Einrichtung eines Spitals. Wie die ganze Verwaltung des Ordens war auch das Hospitalwesen genau geordnet. Jedes Spital hatte seinen Spitler. Um aber für die Kranken besser sorgen zu können, wurde im Gegensatz zur strenge gehandhabten Praxis verordnet, daß die Spitler nicht zur monatlichen, sondern nur zur jährlichen Rechnungslegung verhalten seien. Die Bemühungen des Ordens auf diesem Gebiet dürfen sicher als ein Höhepunkt mittelalterlicher Karitasbestrebungen angesehen werden, wenn jene Spitäler auch mit heutigen nur in wenigen Punkten vergleichbar sind.

Unter dem Schutze des Ordensregimes nahm die Kirche im Ordenslande einen glänzenden Aufstieg: der Orden hielt seine Zusicherung in der Kulmer Handfeste vom Jahre 1233 gewissenhaft ein, in den Städten und Dörfern Kirchen zu errichten. Von 1280 bis 1350 sollen nicht weniger als 735 Dorfkirchen erbaut worden sein. Sie wurden aus den Besitzungen des Ordens mit etwa 66 ha Land ausgestattet. In drei von den vier preußischen Diözesen und in Kurland waren Bischöfe und Domherren Ordensbrüder. Hier hatte der Orden die Verantwortung für das religiöse Wohl vollständig. Aber in allen Gebieten half die Ordenskasse den Kirchen mit jährlichen Zuschüssen. Alle Gesetze und Erlasse über religiös-sittliche Fragen wurden vom Hochmeister den Prälaten des Landes vorgelegt und nur in Übereinstimmung mit ihnen Gesetz.

In Geistesleben, Kunst und Wissenschaft darf bei Männern des Schwertes nicht allzuviel erwartet werden. Was geleistet wurde, ist aber doch für das Ordensland überraschend viel. Für die anderen Balleien fehlen leider alle Vorstudien, um ein Urteil abgeben zu können.

In Preußen half die Ordensleitung bei Errichtung und Ausstattung der Domschulen und schuf selbst Volksschulen in einer stattlichen Zahl von Dörfern. Preußische Studenten wurden an auswärtige Universitäten geschickt, an denen später nicht wenige als Professoren rühmlich wirkten. Bis 1525 sollen 4028 Preußen an auswärtigen Universitäten studiert haben und in Prag allein bis 1420 80 Preußen als Professoren tätig gewesen sein. 1386 erwirkte der Hochmeister das päpstliche Indult, in Kulm eine Hochschule errichten zu dürfen. Widerstände innerhalb des Ordens verhinderten das Werden dieser zeitlich vierten deutschen Universität, die sicherlich das Bildungszentrum für den Nordosten Europas geworden wäre.

Langsam erwuchs auch eine nicht unbedeutende Literatur. Sie war höchst zweckmäßig auf die Bedürfnisse abgestimmt und wohl von der Ordensleitung gelenkt. Diese fand für die Ritter kein passendes Bildungsmaterial. Sie beschloß, es sich selbst zu schaffen. Die Geschichte des Ordens, die Heilige Schrift und das Leben der Heiligen dienten dabei als Thema. Aus dem 13. Jahrhundert kennen wir drei geschichtliche Aufsätze von Ordensbrüdern, behandelnd die Entstehung des Ordens, die Eroberung Preußens und die Vereinigung der Schwertbrüder mit dem Deutschen Orden. Die Verfasser schreiben so genau, daß man sie als Augenzeugen bezeichnen möchte. Die Blütezeit der Ordensgeschichtsschreibung in Preußen war unter dem kunstsinnigen Hochmeister Luther von Braunschweig, der mehrere Ordensbrüder zu wissenschaftlichen Arbeiten anhielt. Die beiden glänzendsten Vertreter dieser Geschichtsschreibung sind Peter von Dusburg und Nikolaus von Jeroschin. Dusburgs Werk geht bis 1330. Er behandelt neben der Ordensgeschichte eingehend Vorgeschichte, Religion, Sitten und Kultur der Prußen. Dadurch ist er schlechthin Quelle für die Geschichte Alt-Preußens. Dusburg schreibt feierlich und ernst. Er sieht im Orden das Werkzeug, in dessen Gegnern Widersacher Gottes. Was Dusburg berichtet, ist absolut verläßlich. Ob er manchmal vielleicht mehr wußte, als in der Chronik steht, sei dahingestellt.

Die Chronik Dusburgs wurde von Nikolaus von Jeroschin in Verse gebracht. Der Dichter erlaubte sich aber viele eigene Zugaben. In diesen Partien erhebt sich Jeroschin zu seiner ganzen dichterischen Größe. Jeroschin ist mehr Schöngeist als Dusburg, aber in allem ganz Priester des Ordens. Die Einleitung zu seiner Chronik schließt mit den Worten:

Dir, milde kuniginne;
Nû bis mîn leiterinne,
Want dir zu lobis winne
Diss bûchis ich beginne.

Fast zu gleicher Zeit schrieb ein unbekannter samländischer Kanoniker einen Auszug der preußischen Ereignisse. In Livland verfaßte etwas später der Ordenspriester Bartholomäus Hoeneke eine Fortsetzung der berühmten Livländischen Reimchronik, eines älteren Werkes unbekannten Ursprunges, die Geschichte des Ordens in Livland bis 1348. Der Kaplan des Landmeisters, Hermann von Wartberge, schrieb ein wertvolles Chronicon Livoniae. Beide Historiker sind, soweit sie nach eigenem Wissen berichten, ungemein gewissenhaft, aber sie stehen weit unter Dusburg und Jeroschin. Dusburg fand in Preußen einen kongenialen Fortsetzer in Johann von Posilge, Offizial des Bistums Pomesanien. Seine Chronik umfaßt die Zeit von 1361 bis 1405. Posilge ist Geschichtsschreiber ersten Ranges. Er hat Verständnis für Wirtschaft, Religion und wissenschaftliche Fragen in gleicher Weise. Der Ordensgeschichtsschreibung wird auch die Chronik Wigands von Marburg zugezählt, weil er – obwohl weltlicher Ritter – Waffenherold des Hochmeisters Konrad von Wallenrode war. Wigand gilt für einen der größten Chronisten des Mittelalters, auch wenn die originale deutsche Fassung nur in wenigen Bruchstücken vorliegt. Wer Schilderungen von Kriegszügen und breite Ausmalung von ritterlichen Aufzügen sucht, wird bei Wigand eine unübertreffliche Vorlage finden. Für anderes hat er wenig Verständnis. Wigands Geschichte des Ordens in Preußen reicht von 1311 bis 1394. Nach 1400 folgen die Ältere Hochmeisterchronik, bis 1433 und in Fortsetzungen bis 1467 reichend. Eine weitere, lateinische Chronik stammt vom hochmeisterlichen Rat und Juristen Laurentius Blumenau, und in der Ballei Utrecht entstand am

Ende des 15. Jahrhunderts die bereits deutlich jene Umbruchszeit spiegelnde Jüngere Hochmeisterchronik, ganz abgesehen von der großen Zahl kleinerer Berichte und Annalensammlungen.

Außerhalb des Ordenslandes konnte bisher nur eine historische Arbeit aufgefunden werden, nämlich der Streit bei Laupen von einem unbekannten Ordensbruder. Es ist der Bericht über diesen für Bern und die ganze Schweiz entscheidenden Kampf, hauptsächlich aber ein Loblied auf den Ordensbruder Diebold Baselwind, den Mitbegründer der Größe Berns.

Die religiöse Literatur des Ordens reicht ins 13. Jahrhundert zurück. Der erste uns bekannte Autor ist Hugo von Langenstein, der mit Vater und Brüdern um 1270 in den Orden trat. Hugo schrieb in der etwas langatmigen, moralisierenden Manier jener Zeit *Die Martern der hl. Martina* und wahrscheinlich auch *Die Mainauer Naturlehre,* eine interessante Darstellung des Weltalls mit sehr praktischen Erläuterungen. Ein unbekannter Ordensbruder verfaßte *Der Sünden Widerstreit,* worin er Tugenden und Laster eine Art Turnierkampf aufführen läßt.

Unter Hochmeister Luther von Braunschweig begann im Ordensland eine vielseitige literarische Tätigkeit mit den schon früher erwähnten Themen: Ordensgeschichte, Heiligenleben und Heilige Schrift. Verfasser sind uns mit Sicherheit nur vier bekannt: Hochmeister Luther von Braunschweig selbst, Jeroschin, Thilo von Kulm und Heinrich von Hesler. Hochmeister Luther scheint ziemlich viel geschrieben zu haben. Erhalten ist fast nichts. Wie viele Werke einfacher Ordensbrüder werden dann verlorengegangen sein? Thilo, Jeroschin und Hesler werden von allen Kritikern den großen Dichtern des Mittelalters zugezählt. An Sprachgewalt, spielender Bewältigung der Reimtechnik, Bildung neuer Wörter dürften sie nur von Wolfram von Eschenbach übertroffen werden. Jeroschin und Hesler haben das Verdienst, die neue Reimmethode der Zählung nach Hebungen statt nach Silben zum Durchbruch gebracht zu haben. Diese ist wohl klangvoll, aber beengt und ermüdet auf die Dauer.

Bezüglich der Heiligen Schrift scheint der grandiose Plan bestanden zu haben, sie in deutschen Versen den Brüdern vollständig zu übermitteln, und zwar als Paraphrase oder freie Bearbeitung. Beide Arten haben den Schrifttext, schließen aber wissenschaftliche Erörterungen und Nutzanwendungen an. Die Paraphrase bietet den Schrifttext wörtlich, die freie Bearbeitung nicht. Ob das Standardwerk fertig wurde, wissen wir nicht. Erhalten sind aus dem Alten Bunde bloß Paraphrasen der Bücher Judith, Esther und Hiob, Daniel, Esdras und Makkabäer. Das Buch Hiob wurd von manchen dem Meister Thilo zugeschrieben, die Makkabäer dem Hochmeister Luther. Ein unbekannter Ordensbruder versuchte in 6000 Versen die wichtigsten Partien zusammenzutragen in den *Historien der alden ê.* Aus dem Neuen Testament sind uns Paraphrasen in Prosa der Apostelgeschichte und der Apokalypse erhalten. Meister Thilo verfaßte das berühmte Buch von den *Siben ingesigeln,* eine Bearbeitung der ganzen Heiligen Schrift. Von Heinrich Hesler stammen mit Sicherheit *Die Erlösung,* die Paraphrase zur Apokalypse und das Evangelium des Nikodemus. Die Erlösung behandelt Leben und Leiden des Herrn, das Evangelium des Nikodemus das gleichnamige apokryphe Buch. Wenn Hesler, wie vermutet wird, auch zwei von den folgenden Heiligenleben geschrieben hätte, so würden seine Dichtungen einen Band von wenigstens 5000 Druckseiten ausmachen, mit formvollendeten Versen, hohem Schwung in allen Partien und einer Menge Legenden. An Heiligenleben sind uns bekannt: Die *Barbara* von Hochmeister Luther; *Das Leben des hl. Adalbert* von Jeroschin, bis auf geringe Reste leider verloren; *Das Buch der Väter* von einem Unbekannten, vielleicht Heinrich von Hesler, worin 120 Heilige von den Einsiedlern in der Wüste bis zu Franz von Assisi behandelt werden. Die Krone dieser Werke bildet das *Passional,* das vielfach Hesler zugeschrieben wird. Es behandelt in prachtvoller Schilderung Leben und Legenden von 75 Heiligen.

Etwas später verfaßte ein Ordensbruder zu Frankfurt am Main in 54 kurzen Kapiteln eine Anleitung zum geistlichen Leben, worin eine Auslese aus der Mystik geboten wird. Das Büchlein ist unter den Titeln *Der Franckforter* oder *Eine deutsche Theologie* bekannt. Martin Luther schätzte es zuerst sehr hoch und besorgte einen Abdruck, jedoch mit eigenen Erweiterungen. Um dieser willen kam der *Franckforter* auf den Index. Nach 1400 verfaßte Johann von Marienwerder eine hervorragende Beschreibung des Lebens und der Offenbarungen seines Beichtkindes Dorothea von Montau, ein Andachtsbuch, genannt *Septililium,* und eine gute Erklärung des Apostolischen Glaubensbekenntnisses.

Den literarischen Arbeiten muß auch das um 1350 von einem Ordensbruder verfaßte Vokabular der prußischen Sprache zugezählt werden.

All diese literarischen Arbeiten haben fast ausschließlich Priester zu Autoren. Bei den übrigen Leistungen des Ordens treten sie oft genug hinter den Rittern zurück, obwohl gerade die der Schriftlichkeit bedürfenden Arbeiten von ihnen ausgeführt worden sein dürften; hier werden sie aber in einigen Fällen sogar namentlich faßbar.

III. Die Zeit des Rückgangs vom 14. bis 16. Jahrhundert

Das 12. und 13. Jahrhundert waren die eigentliche Blütezeit der geistlichen Ritterorden. Die hohen Ideale fanden ihren Widerhall, und das Beispiel des Deutschen Ordens in Preußen zeigt, bis zu welcher Höhe, welchem Ruhm und Reichtum ein Orden aufsteigen konnte. Doch gerade das zog immer mehr auch Menschen an, die nicht den Geist des Ordens suchten, sondern seine Stellung und Macht, seinen Einfluß und Reichtum. Je stärker gerade die Schicht des ritterlichen Niederadels, die den Hauptanteil der Ritterbrüder stellte, dem Verfall entgegenging, der sie absolut verarmen oder auch teilweise zu Strauchrittern werden ließ infolge einer großen Umstrukturierung des spätmittelalterlichen Wirtschafts- und Sozialgefüges, desto mehr mußten diese Entwicklungen sich auch im Orden auswirken, bestand er doch aus Zeitgenossen mit all ihren Wünschen, Vorstellungen und Anforderungen, ob im geistlichen oder weltlichen Kleid.

So verfiel im Laufe des 15. Jahrhunderts die Ordenszucht vielfach in erschreckendem Maße. Und wo die Ordenszucht verfällt, beginnt auch die Verödung, weil die Zugkraft für diejenigen fehlt, welche nach wahrhaft vollkommenem Leben streben. Selbst ehrwürdigste Stifte erlagen diesen Mißständen. Wieviel eher mußten sie sich dann in einem Ritterorden bemerkbar machen, der weit mehr noch in der Welt des Alltags zu stehen hatte.

Diese Entwicklung wurde durch die allgemeinen kirchlichen Verhältnisse noch gefördert. Die Kirche war im Abendland aus demselben Grunde wie die Orden reich geworden. Auch in sie drangen wie in die Klöster Unwürdige ein und arbeiteten sich als Mietlinge empor, oftmals bis in das Amt des Bischofs. Nur aus solchen Zuständen heraus kann man die Tatsache erklären, daß sich einmal durch viele Jahre mehrere Bewerber um das schwere Amt des Papstes stritten.

Die Ungunst der Verhältnisse lastete am schwersten auf den geistlichen Ritterorden. Sie verloren mit dem Ende der Kreuzzüge die große tragende Idee und damit den Nährboden für ihr weiteres Gedeihen. An die Stelle der Begeisterung für das Ritterordensideal trat allmählich nüchterne, ja feindselige Kritik. Manche erklärten gar, die Ritterorden hätten ihre Aufgabe erfüllt und seien nun unnütz geworden, so daß man sie aufheben oder in einen Orden verschmelzen sollte. Diesen Gedankengängen entsprach, wenn König Philipp von Frankreich dem Templerorden 1314 ein gewaltsames Ende bereitete und wenn die Herrscher im heutigen Spanien und Portugal die Ritterorden ihrer Gebiete in Ehrenorden umwandelten. So waren von den alten Ritterorden um 1500 nur mehr die Johanniter und der Deutsche Orden übriggeblieben. Auf diesem Hintergrund ist die Zeit des Ordensrückgangs im Mittelalter zu sehen.

Den ersten bedeutenden Verlust erlitt der Orden und mit ihm die gesamte Christenheit im Heiligen Land. Die Mohammedaner eroberten 1244 Jerusalem, dann Stück für Stück des christlichen Restbesitzes; 1271 mußten die Brüder Montfort vor einem Minenangriff des Sultans räumen. 1291 ging Akkon, das letzte Bollwerk, verloren. Die Ordensbrüder wollten dort mit ihrem Hause untergehen, wie die österreichische Reimchronik berichtet. Ob trotzdem einige Brüder entkamen, ist zumindest sehr zweifelhaft. Mit diesem Verlust Akkons waren die Kreuzzüge endgültig gescheitert. Gründe und Ergebnisse gilt es hier nicht aufzuzählen, nur war entscheidend, daß mit dem Untergang Akkons auch die eigentliche Idee der Kreuzzüge unterging, daß alles spätere – abgesehen vom Deutschordensbereich im Ostseegebiet – als Wartestation oder Nachklang angesehen wurde. So katastrophal das ausgehende 13. Jahrhundert diesen Schlag empfand, so hatte er für den Deutschen Orden doch sein Gutes. Waren schon länger Probleme vorhanden, die es zwischen dem Heiligen Land und Preußen als den Exponenten des Heidenkampfes zu einer regelrechten Konkurrenzstellung kommen ließ, so löste sich das nun von selbst. Nach einem kurzen Verbleiben in Venedig übersiedelte der Hochmeister 1309 in die Marienburg in seinen autonomen preußischen Staat, in dem er souveräner Landesherr war. Das bedeutete die endgültige Schwerpunktverlagerung des Ordens. Viele Vorteile waren damit verbunden, doch auch wesentliche Nachteile für die Folgeentwicklung. Allerdings wäre diese Folgeentwicklung auch bei anderer Entscheidung des Hochmeisters sicher nicht ausgeblieben, höchstens modifiziert worden. Und auf diesem gedanklichen Hintergrund überwiegen dann sicher die Vorteile, die großenteils im vorigen Kapitel schon beschrieben wurden. Denn ein solcher kultureller Auf- und Ausbau, wie wir ihn sahen, war wohl nur im geschlossenen preußischen Staat möglich, nicht jedoch im zahlreichen Streubesitz; der Vergleich mit den Balleien in Deutschland macht das deutlich.

Am schwersten durch die Verlagerung der Ordenszentrale betroffen wurden die Balleien im Mittelmeerraum. Waren sie anfangs Nachschubbasen und Etappe gewesen, wurden sie jetzt zu reinen Außenstationen, teilweise sogar weiterhin dem islamischen Vordringen ausgesetzt. Wie stark dieser Charakter als Außenstation war, läßt sich daran ablesen, daß vom Ende mancher Ordensbesitzungen sich noch nicht einmal ein archivalischer Niederschlag erhalten hat. Als erste der Mittelmeerballeien ging Armenien unter. Die letzte Nachricht über den dortigen Besitz haben wir von 1271, doch wäre es möglich, daß der Orden sich noch hielt bis zum Verlust auch dieses Reiches an den Islam im 14. Jahrhundert. Aus jener Zeit stammen auch die letzten Nachrichten von Ordensbrüdern auf der zur Ballei Armenien gehörenden Insel Zypern. Zur gleichen Zeit wurde das Ordenshaus in Montpellier verkauft und ging wohl auch Arles verloren, so daß der Orden damit keine Niederlassungen in Südfrankreich mehr besaß.

Hochmeister Walter von Cronberg (1527–1543)

Das 14. Jahrhundert leitete jedoch noch ein anderes Ereignis ein, das den Orden im Kern treffen sollte, im Ordensstaat Preußen selber. Jene allgemeine Entwicklung der Zeit fiel zusammen mit einem politischen Wendepunkt für den gesamten ostmitteleuropäischen Raum. Im Jahre 1386 wurden Polen und Litauen durch die Ehe der Königin Hedwig mit dem Großfürsten Jagiello vereinigt. Es schien wohl eine Zeitlang, daß sich Litauen nicht ins Schlepptau Polens werde nehmen lassen, denn Jagiellos Vetter Witold errang sich die Stellung eines Großfürsten von Litauen. Aber dieser skrupellose Mann, der zwischen Polen und dem Orden nicht weniger als 15mal hin- und herwechselte, der genau wußte, daß er sich als Zünglein an der Waage jeden Verrat leisten könne – weil Orden und Polen ihn gleicherweise brauchten –, dieser Litauer stand in den entscheidenden Momenten doch immer im Lager der Ordensfeinde. Und nach ihm ging Litauen langsam im polnischen Reich auf. So lastete auf der ganzen Südfront des preußischen Ordensstaates mit einer Ausdehnung wie von Wien bis Paris der Druck eines mehrfach größeren Machtblockes, der mit Gewalt nach der Ostsee drängte, der großen Seeverkehrsstraße jener Zeit.

Hochmeister Konrad von Wallenrode erkannte die Größe der Gefahr, die für den Orden 1386 aus der Vereinigung von Polen und Litauen entstanden war. Er suchte Witold, den Gegenspieler Jagiellos in Litauen, ganz auf die Seite des Ordens zu ziehen. Als Witold am Orden Verrat übte und dieser plötzlich einer mächtigen Koalition gegenüberstand, sprengte sie Wallenrode mit einer unheimlichen Meisterschaft in Führung des Schwertes und der Feder. Freilich mußte er Preußen die schwersten Opfer auferlegen, um es vor einer Katastrophe zu bewahren. Nach seinem viel zu frühen Tod übernahm Konrad von Jungingen die Leitung des Ordens. Er erreichte auf friedlichem Weg die Eingliederung Samaitens in den Ordensstaat, womit Preußen und Livland verbunden und das Ziel einer hundertjährigen Politik erreicht war. Sogar Jagiello konnte, selbst

Schloß Mergentheim, Hochmeisterresidenz 1525–1809

mit Zusicherung von Waffenhilfe, als Bürge des Vertrages gewonnen werden.

Jungingen gab Samaiten in Michael Küchmeister einen Vogt, der das Land so klug und wohlwollend regierte, daß ein Teil des Volkes über die Angliederung an den Ordensstaat glücklich war. Konrad von Jungingen setzte wie sein Vorgänger alles daran, die Gefahr eines Zweifrontenkrieges zu vermeiden. Das zeigt seine Warnung an einen Komtur: „Krieg ist bald angefangen, aber schwer beendet. Besser ein Pferd verloren, oder zwei und vier, als ein ganzes Land. Beide haben reiche, weite Länder, wir haben ein kleines Land mit viel Volk, das zum Kriege nicht geübt ist.“ Witold gebärdete sich auch unter Konrads Nachfolger Ulrich von Jungingen nach außen hin als treuer Freund des Ordens. Jagiello dagegen zeigte immer eine gewisse Gereiztheit und verhielt sich gegen Anträge, im russischen Ostraum zusammenzugehen, kühl ablehnend. Im Jahre 1408 meldete Michael Küchmeister immer dringender von Umtrieben Witolds in Samaiten. Man verweigerte die dringend erbetene Verstärkung der geringen Ordensstreitkräfte im Lande. Sie konnten daher leicht überwältigt werden, als die Samaiten 1409, ausgerüstet mit polnischen Waffen und unterstützt von Leuten Witolds, losschlugen. Ulrich hätte klug getan, sich bezüglich der Umtriebe Witolds unwissend zu stellen und die Samaiten von Livland und Preußen aus rasch niederzuwerfen. Das hätte der christlichen und ordensfreundlichen Partei im Lande endgültig das Übergewicht gebracht. Statt dessen entschloß er sich zur Kriegserklärung an Witold.

Vorerst aber erinnerte er Jagiello an seine vertraglichen Pflichten. Der polnische Gesandte wich aber aus und machte die unvorsichtige Äußerung, der König werde dem Orden bei einem Angriff auf Witold in den Rücken fallen. Darauf erklärte Ulrich in der ersten Erregung an Polen den Krieg. Das preußische Aufgebot war im Gegensatz zum polnischen rasch marschbereit und konnte deshalb siegreich in die polnischen Grenzprovinzen eindringen. Jagiello vermochte dann den Vormarsch zu stoppen, wagte aber nicht, die zweimal angebotene Schlacht anzunehmen. Da trafen beim Hochmeister Gesandte König Wenzels ein mit der Meldung, Jagiello habe Wenzels Vorschlag, einen Waffenstillstand abzuschließen und Wenzel als Schiedsrichter anzuerkennen, bereits angenommen. Als die Gesandten weiterhin versicherten, die Könige von Böhmen und Ungarn würden dem Orden zu Hilfe kommen, wenn Jagiello sein Wort zu brechen versuchte, stimmte der Hochmeister dem Waffenstillstand zu. Das ermöglichte ihm, den entscheidungslosen Krieg in Polen vor einem Eingreifen Witolds abzubrechen und Hilfe in Livland und Deutschland zu erhalten.

Die Rüstungen gingen beiderseits weiter. Jagiello und Witold gewannen Hilfstruppen von Tataren, Russen, Walachen und Tschechen, der Orden dagegen warb deutsche Söldner, rief die deutschen Fürsten zur Hilfeleistung und befahl dem livländischen Landmeister die Kriegserklärung an Witold. Der Hochmeister erklärte den Krieg nicht in seiner Eigenschaft als Hochmeister, sondern als preußischer Meister, in welcher Eigenschaft er dem livländischen Meister nur koordiniert war. Deshalb war bisher bei geplanten gemeinsamen Unternehmungen immer erst nach Vereinbarung beider Meister gehandelt worden. Auch der Abschluß von Verträgen durch einen Meister ohne Wissen des anderen ist nichts Anormales. Ein „Verbrechen" gegen den Ordensgehorsam beging der livländische Meister deshalb nicht, als er sich auf den Standpunkt stellte: Der ohne unser Wissen begonnene Krieg soll auch ohne unsere Hilfe durchgekämpft werden. Der livländische Meister, über das Vorgehen der preußischen Brüder mit Recht erbittert und vielleicht an ein ernstes Zusammengehen Witolds mit Jagiello nicht glaubend, erklärte unnachgiebig, er habe mit Witold vor kurzem einen Vertrag geschlossen, den er jetzt nicht brechen könne. Die Enttäuschung in Preußen muß furchtbar gewesen sein, denn Livland war der stärkste und sicherste Trumpf im Spiele. Nun mußte man auf den offenbar geplanten Winterfeldzug gegen Litauen verzichten.

Nach Ablauf des Waffenstillstandes stand ein Korps des Ordensheeres unter Heinrich von Plauen in Pommerellen, die Hauptmacht dagegen an der Drewenz, wo man auf Grund früherer Erfahrungen den polnischen Angriff erwartete. Jagiello hatte sich aber unbemerkt mit Witold vereinigt und marschierte wenig östlich vom Ordenshauptheer gegen Neidenburg. Der Hochmeister erfuhr davon erst am 14. Juli 1410 durch Flüchtlinge aus der Gegend von Gilgenburg, die von Greueltaten der Tataren Witolds berichteten. Ulrich ließ sich vom allgemeinen Verlangen, Rache zu nehmen, mitreißen und befahl noch in der Nacht den Aufbruch nach Osten, ohne das pommerellische Korps und die herannahenden deutschen Söldner abzuwarten. Als das Heer, sehr ermüdet, am Morgen des 15. Juli bei Tannenberg eintraf, war es physisch wie psychisch bereits im entscheidenden Nachteil, was der Verlauf der nach langem Warten entbrannten Schlacht deutlich zeigte.

Als die Lage kritisch wurde, baten die Großgebietiger den Hochmeister, er möge sich in Sicherheit bringen. Ulrich lehnte das ab, raffte alle noch verfügbaren Reserven zusammen und warf sich an der Spitze derselben, gefolgt von den Gebietigern, in das Schlachtgetümmel. Auch dieser Stoß mißlang und endete mit dem Tode des Meisters und der Gebietiger. Nun wurde das Ordensaufgebot völlig eingekreist und langsam vernichtet. Am Abend war damit die Größe des Ordens zu Grabe getragen.

In Preußen riß nach der Katastrophe völlige Kopflosigkeit ein. Die wenigen, meist älteren Brüder auf den Burgen verloren alle Hoffnung, und nicht wenige flohen nach Deutschland. Klerus, Adel und Städte beeilten sich, dem Polenkönig zu huldigen. Jagiello hätte dem Ordensstaat Preußen durch einen raschen Vormarsch auf die Marienburg den Todesstoß geben können. Er setzte sich aber erst drei Tage nach dem großen Sieg in Bewegung. Inzwischen hatte Heinrich von Plauen mit seinem pommerellischen Korps das Ordenshaupthaus besetzt, Flüchtlinge und Freiwillige an sich gezogen und für eine lange Belagerung vorgesorgt. Die Verbündeten bestürmten die Burg wochenlang umsonst, erlitten durch Lagerseuchen und Kämpfe schwere Verluste und mußten Preußen fast fluchtartig räumen, als – allen unerwartet – eine starke livländische Streitmacht in Gewaltmärschen von Osten und deutsche Fürsten und Söldner von Westen her nahten.

Heinrich von Plauen, nach der Befreiung des Landes zum Hochmeister erwählt, mußte 1411 ob des ungestümen Drängens seiner Verbündeten Frieden schließen. Derselbe kostete den Orden Samaiten für die Lebenszeit von Jagiello und Witold und eine große Geldsumme für Freilassung hoher Gefangener. Wenn der Orden auch keinerlei territorialen Verluste im eigentlichen Ordensland auf sich nehmen mußte, so brachten die Geldforderungen ihn an den Rand des Ruins und bedeuteten, daß er nun zum erstenmal von seinen Untertanen Steuern fordern mußte, was in der Folgezeit zu einer starken Entfremdung zwischen Land und Landesherrschaft beitrug. Hinzu kam, daß der Orden in der Schlacht von Tannenberg zum erstenmal wirklich vernichtend geschlagen worden war, was ihm den bisherigen Nimbus der Unbesiegbarkeit nahm. Im Zuge dieses psychologischen Verlustes ist ebenfalls wesentlich, daß nun die Kreuzfahrerhilfe aus den übrigen europäischen Ländern immer stärker nachließ, endlich gar völlig ausfiel. Diese Ergebnisse der Schlacht machen das Jahr 1410 zu einem entscheidenden Wendepunkt in der preußischen Ordensgeschichte.

Plauen meisterte in den nächsten Jahren die schwere Geldnot und vereinzelte Widerstandsgelüste im Lande mit harter Hand, aber mit bewundernswerter Einsicht und Tatkraft. Auch für die Sicherung des Landes geschah viel. Jagiello, erbittert darüber, daß ihm der Krieg keine sichtbaren Erfolge gebracht hatte, beobachtete den Wiederaufstieg Preußens mit Mißgunst. Er mußte sich jedoch mit lästigen und aufreizenden, aber wenig gefährlichen Intrigen begnügen. Diese erbitterten den geraden, gesundheitlich schwer angegriffenen Hochmeister derart, daß er *lieber Maria zu Ehren sterben* als das weiter ertragen wollte. So entschloß er sich im September 1413 gegen wiederholte und dringende Abmahnungen der Großgebietiger und der beiden Landmeister zum Krieg.

Der Krieg sollte unangekündigt eröffnet werden. Plauen konnte sich wegen plötzlicher Erkrankung nicht zum Heere begeben. Hart an der polnischen Grenze erklärte das Hauptheer, nicht als Friedensbrecher in polnisches Land eindringen zu können. Die Gebietiger, die sich beim Heere befanden, mußten daher den allgemeinen Rückzug anbefehlen. Auf die Nachricht davon berief Plauen ein preußisches Kapitel für den 14. Oktober ein. Die Großgebietiger begaben sich auf die Marienburg, wohl um den Meister zur Abdankung zu bewegen. Nach tagelangem vergeblichen Warten auf eine Unterredung mit dem Meister drangen sie gewaltsam bei ihm ein, beschlagnahmten die Amtsinsignien und verwiesen ihn in ein Turmgemach. Am 14. Oktober forderte das preußische Kapitel nach Anhörung der Klagepunkte der Großgebietiger die Abdankung Plauens. Er fügte sich ohne Widerrede.

Einzelne Ordensabteilungen hatten aber schon vor dem Rückzugsbefehl die feindlichen Grenzen überschritten. Jagiello stellte sofort den Orden als Angreifer hin und forderte nunmehr Pommerellen und das Kulmerland als Preis weiteren Friedens. Zurückgewiesen, eröffnete er einen diplomatischen Kampf gegen den Orden vor dem Konzil von Konstanz und dann den Krieg.

Aber seine Angriffe in den Jahren 1414, 1419 und 1431 führten nur zu schwerer Verwüstung der preußischen und polnischen Grenzgebiete und zu einer verderblichen Schwächung der landesfürstlichen Macht in beiden Staaten. Wesentlicher wurde der Kompromiß-Friede vom Melno-See 1422 zwischen dem Orden, Polen und Litauen, der eine Grenze ergab, die teilweise bis 1919 erhalten blieb, also eine der stabilsten in Europa war. In Preußen schlossen sich Adel und Städte zum „Preußischen Bund“ zusammen, der ein Mitregierungsrecht beanspruchte, wie es sich die Stände damals fast in allen Staaten erzwangen.

Als die Spannung zwischen Bund und Orden unerträglich wurde, rief Hochmeister Ludwig von Erlichshausen Papst und Kaiser als Schiedsrichter an. Der Bund schien damit einverstanden, übertrug aber insgeheim die Herrschaft an den Polenkönig und eröffnete am 6. Februar 1454 den Kampf mit einem wohlvorbereiteten Überfall auf die Ordensburgen. Das führte zum sogenannten Dreizehnjährigen Krieg, einem Kleinkrieg, weil Polen nur einmal mit stärkeren Kräften eingriff. Dabei wurde es aber 1454 in der Schlacht bei Konitz vernichtend geschlagen.

Auf die Nachricht von diesem glorreichen Sieg zerstob das Bündnerheer vor Marienburg, und der Großteil des Landes söhnte sich mit dem Orden aus. Um die widerspenstigen großen Städte zu bezwingen, mußte aber das Söldnerheer weiter gehalten werden. Der Hochmeister wollte sich die nötigen Gelder durch Verkauf der Kommenden seiner Kammerballeien und anderer beschaffen. Die Gebietiger lehnten das als Verstoß gegen den Willen der Stifter ab. So mußte man den Söldnern preußische Burgen verpfänden und zusehen, wie sie dieselben, darunter auch die Marienburg, 1457 an den König verkauften. Der Kleinkrieg ging trotzdem weiter, bis Orden und Bündner völlig erschöpft waren. Dann konnte der König 1466 den Thorner Frieden diktieren, der ihm das westliche Preußen verschaffte und dem Hochmeister in Zukunft einen Treu- und Gefolgschaftseid abverlangte, wenn auch das restliche, östliche Ordensland kein polnisches Lehen wurde.

Die Hochmeister von 1467 bis 1497 regierten von Königsberg aus ihr Rumpf-Preußen klug und tatkräftig und gingen energisch an die Rodung des Urwaldgürtels. Livland erlebte in dieser Zeit sogar ein letztes Erfolgszeitalter. Ihm und Litauen erwuchs ein furchtbarer Feind, als der Großfürst von Moskau 1480 die Mongolen entscheidend schlug und alle russischen Gebiete östlich des Dnjepr vereinigte. Im Jahre 1501 schoben sich mächtige Russenheere gegen Livland vor. Landmeister Wolter von Plettenberg verstand aber, alle Uneinigkeit im

Lande zum Schweigen zu bringen und es zur Verteidigung zu begeistern. Auf seinen Hilferuf flammte auch die Kreuzzugsstimmung in Norddeutschland und Flandern noch einmal auf. So konnte Wolter den Russen 1501 eine schwere Schlappe zufügen und ihnen 1502 am See Smolina mit einem prächtigen, wenn auch wenigstens fünfmal schwächeren Heer siegreich entgegentreten. Der Schrecken in Moskau war so groß, daß Livland über 50 Jahre Ruhe hatte.

Unterdessen träumten die Ordensbrüder in Preußen von der Wiederherstellung der alten Herrlichkeit. Das sollte durch die Wahl eines Fürstensohnes zum Hochmeister erreicht werden, den die deutschen Fürsten mit aller Macht unterstützen würden. So wurde 1498 der sächsische Prinz Friedrich erwählt, der noch nicht einmal Ordensmitglied war. Es war ein schwerer Verstoß gegen die Regel, den Würdigsten zu wählen. Daß ähnliche Wahlen bis hinauf zu den Bischofsstühlen damals fast üblich waren, macht die Sache nicht besser. Hochmeister Friedrich, ein persönlich frommer und eifriger Mann, regierte wie ein Fürst und fand gegen Polen nirgends Hilfe. Schließlich ging er, um einen Krieg mit Polen zu vermeiden, auf Bitten der Gebietiger nach Deutschland. Durch solchen Mißerfolg nicht belehrt, schritt man nach Friedrichs Tod 1510 zur Einkleidung und Erwählung des 20jährigen Albrecht von Brandenburg. In seiner jugendlichen Unerfahrenheit glaubte er, den gesamten Orden und die deutschen Fürsten gegen Polen aufbieten zu können. Die Abmahnungen des Deutschmeisters und Wolters von Plettenberg und ihre Hinweise, der Orden allein sei zu schwach und die deutschen Fürsten würden nicht mehr als schöne Worte geben, erbitterten Albrecht nur. Schließlich verband er sich sogar mit Moskau. Aber auch von dort kam keine wirkliche Hilfe. 1523 näherte er sich Luther, trat innerlich zum Protestantismus über und sorgte durch seine Vertrauten, daß derselbe auch in Preußen Eingang fand, auch bei einzelnen Brüdern. So hin-

Hochmeister Maximilian I. von Österreich (1590/95–1618)
Deutschordensritter nach 1606 ▶

länglich gesichert, begab er sich 1525 mit einer Abordnung zum polnischen König, legte vor ihm den Ordensmantel ab, nahm Ostpreußen als weltliches Herzogtum von Polen zu Lehen und heiratete wenig später die Tochter des Königs von Dänemark. Widerstand in Preußen gegen den Gewaltstreich wurde unterdrückt, die ihrem Orden treubleibenden Brüder interniert, schließlich aber doch aus dem Lande gelassen. Der preußische Ordensstaat war zu Ende. Auf einen Schlag hatte der Orden sein immer noch zentrales Territorium und seinen Hochmeister verloren.

Livland wurde zur selben Zeit wie Preußen in die Glaubensspaltung hineingerissen. Auch die Brüder des Ordens wurden davon ergriffen. Der Zwiespalt in den wichtigsten Fragen des religiösen Lebens mußte zum raschen Ende der Ordensgemeinde führen. Sie hielt aber noch über 30 Jahre stand, ein Beweis, daß noch viel Liebe zum Orden und Idealismus vorhanden waren, denn katholische und evangelische Brüder mußten ja miteinander auf den Ordensburgen leben.

Durch die Glaubensspaltung wurden die alten, nur zeitweise schlummernden Zwistigkeiten im Lande so vermehrt, daß an ein Zusammenwirken für das Land nicht mehr zu denken war. Der gut unterrichtete Zar Iwan der Schreckliche hielt die Zeit zum Losschlagen gegen Livland im Jahre 1557 für gekommen. Er ließ das Land zuerst nach Art der Türken und Mongolen durch leichte Reiterscharen verwüsten, ohne eine Burg oder Stadt anzugreifen. Im Jahre 1558 brach dann der große Russensturm los. Livland brachte kein Heer auf, um den Russen entgegenzutreten. So konnten diese Stadt um Stadt und Burg um Burg erobern. Nur einmal kam es zum Einsatz einer kleinen Ordensmacht von 120 Brüdern und 500 Landsknechten. Diese überfielen bei Ermes das russische Lager, in dem nach Anga-

◂ *Deutschordenspriester nach 1606*
Mittelschrein des Schnatterpeck-Altars in Mariae Himmelfahrt, Niederlana

ben der Späher nur der feindliche Vortrab stand – es war aber die gesamte Macht der Russen. Das kleine Aufgebot des Ordens wurde nach heldenmütigem Widerstand aufgerieben. Als auch die Hoffnung auf Hilfe von seiten der Dänen und Schweden fehlschlug, unterwarf sich Gotthard Ketteler, der letzte Landmeister, 1561 wie Albrecht Polen und legte das Ordenskleid ab. Seine Hoffnung, Herzog von Livland zu werden, erfüllte sich aber nicht. Polen überließ ihm nur das kleine Kurland und behielt das übrige Gebiet für sich. Um den Besitz Livlands bekämpften sich Polen, Russen und Schweden noch viele Jahre. Damit war der Ostseebereich für den Orden verloren. Drei Jahrhunderte hatte er die zentrale Existenz der Gemeinschaft bedeutet, jetzt gab es nur noch einen Rechtstitel, der vom Restorden bis zum Beginn des 19. Jahrhunderts erfolglos verfochten wurde.

Die eigentliche Zäsur bedeutete 1525, der Verlust Preußens. Die noch verbliebenen höchsten Gebietiger, Deutschmeister und Landmeister von Livland, lagen allein geographisch zu weit auseinander, als daß sie noch eine wirkliche Verbindung hätten haben können. Das zeigt sich deutlich in den letzten Jahren Livlands, die der dortige Ordenszweig ohne entscheidende Hilfe des Deutschmeisters, der inzwischen die Ordensführung übernommen hatte, den Abwehrkampf führen und aufgrund der Umstände im Lande und im Orden erliegen mußte.

Wenn auch das Schicksal des Ordens in Preußen und Livland am stärksten beeindruckt, so darf nicht übersehen werden, daß ebenfalls die Existenz der übrigen Ordensballeien gefährdet war, um so mehr, je weiter sie von der Zentrale entfernt lagen. Bereits zu Beginn des 15. Jahrhunderts ging bis auf die Kommende Troppau, die dem Orden erst am Ende des 16. Jahrhunderts zwischenzeitlich entfremdet wurde, auch die Ballei Böhmen unter. Sie stand bis zu den Hussitenstürmen in hoher Blüte. In diesen Kriegen aber, die das Land von 1417 bis 1436 durchtobten und den deutschen Städten den Todesstoß gaben, wurde auch eine Kommende um die andere zerstört. In Deutschbrod wurden die Ordensbrüder von den Hussiten sogar mit ihrem Hause verbrannt. Am Ende der Hussitenkriege war die Ballei völlig vernichtet und ihr Wiederaufbau konnte erst 180 Jahre später in Angriff genommen werden.

Die Ballei Romanien, im heutigen Griechenland gelegen und von den lateinischen Eroberern des Landes im Jahre 1209 gegründet, teilte das Schicksal derselben. Als das lateinische Ritterheer im Jahre 1311 am Kephissos von einer abendländischen Söldnerschar vernichtet wurde, errangen die Griechen langsam ihre Freiheit und nahmen den Lateinern Platz um Platz weg. Wann die Ordensbrüder ihre Häuser räumen mußten, ist nicht zu erweisen. In dem mächtigen Mostenizza, im Herzen Arkadiens, scheinen Brüder noch um 1430 gewesen zu sein. Zu Methone, der starken Seefeste an der Südwestecke des Peloponnes, erlagen sie erst um 1500 dem Angriff der Türken.

In Italien verschlechterte sich die Lage des Ordens ebenfalls. Als Außenstationen mit zu wenig und meist ungeeigneten Brüdern besetzt, wurden die Balleien Objekte persönlichen Machtbegehrens vor allem der Kurie und ihr verbundener Personen. Apulien geriet 1474 in die Hand des eine sehr unrühmliche Rolle spielenden Stefan Grube, der es durch Ausnutzung aller dem Orden von außen wie von innen erwachsenden Schwierigkeiten vom entlaufenen thüringischen Ordensbruder zum Landkomtur in Apulien, Generalprokurator des Ordens in Rom und Erzbischof von Riga brachte. Nach seinem Tod 1483 zog die Kurie die Ballei ein und es erging ihr ebenso wie wenig später Sizilien.

Dort verursachte den Untergang dic Renitenz des Landkomturs gegenüber den Ordensvisitatoren 1491/92 und die damit verbundene Übergabe der Ballei an Roderico Borgia, den späteren Papst Alexander VI., der eigentlich Protektor des Ordens hatte sein sollen, hier jedoch als privater Nutznießer allzu gern in Erscheinung trat. Als er den päpstlichen Stuhl bestieg, ward die Ballei von König Ferdinand von Aragonien zugunsten seines unehelichen Sohnes Alfons eingezogen. Der Orden erreichte, daß Kaiser Maximilian I. und die deutschen Fürsten gegen die Beraubung des Ordens heftigen Widerspruch erhoben. Erfolg hatte derselbe nicht den geringsten. Ebensowenig fruchteten die Bemühungen des Stadtrates von Palermo und Adolfs von Geroldseck, des letzten Landkomturs. Der Stadtrat hielt dem König sehr offen vor, die ganze Stadt trauere um die deutschen Brüder, die beim Volke wegen ihres frommen Lebenswandels, wegen ihrer Wohltätigkeit gegen die Armen und besonders wegen der Feierlichkeit des Gottesdienstes in ihrer Kirche in höchstem Ansehen ständen. In der Ordenszeit sei der Gottesdienst immer von zehn bis zwölf Brüdern und anderen gefeiert worden, von nun an würden ihn nur ein oder zwei bestellte Kapläne besorgen. Adolf von Geroldseck war unermüdlich tätig, um die Ballei zu retten, und unternahm dafür auch anstrengende Reisen nach Rom und Spanien. Treu dem gelobten Gehorsam hielt er auf Wunsch des Meisters (des Deutschmeisters) im Ordenshause zu Palermo unter ärmlichsten Verhältnissen aus, freilich immer hoffend: *er werde aus so viel Angst durch eine Schrift des Meisters erlöst werden* und *aus diesem ungläubigen, jüdischen Lande lebenden Leibes hinauskommen.*

In der Ballei Lamparten ging es genau so. Papst Julius II. verlieh die Kommende Bologna 1511 einem Herkules de Lamantinis; die Venezianer sequestrierten 1512 im Kriege gegen Kaiser Maximilian die Ordenshäuser in ihrem Staatsgebiet und gaben sie als Präbenden aus. Dabei wurde in allen drei Balleien von Anfang an immer wieder feierlich zugesichert, daß nach dem Tod des derzeitigen Inhabers alles an den Orden zurückfallen solle. Die auf Betreiben des Ordens durchgeführten Interventionen und Prozesse blieben erfolglos. Nur für die Kommende Padua zahlten die Jesuiten viel später eine bedeutende Geldsumme aus. Von den Besitzungen in Italien blieb nur die bescheidene Kommende Brixeney im Friaulischen übrig und konnte bis in die napoleonische Zeit als Teil der Ballei Österreich gehalten werden.

Kurz nach dem Verlust Livlands ging auch der spanische Ordensbesitz verloren, wohl ebenfalls unter kurialem Nachdruck, was auch hier ein deutliches Spiegelbild der Entwicklung im geistigen und geistlichen Bereich der Zeit abgab.

Damit hatte der Orden die Besitzungen, die ihm einst mit soviel Idealismus übertragen worden waren, sämtlich verloren im Zuge einer sich von diesen Idealen stets rascher fortbewegenden Zeit, die jene Güter immer mehr der eigenen Nutznießung und Versorgung anheimgegeben denn den Amtsträger als nur zwischenzeitlichen Verwalter betrachtet hatte. Doch wie sollte es im Orden anders sein als in der übrigen Welt, die im 15. und 16. Jahrhundert eine völlig parallele Entwicklung nahm? Man mag diese Änderung der Gedankenwelt als Fehler ansehen, als Schuld des Einzelnen kann man sie nicht verurteilen.

IV. Von der Reformation zu Napoleon

Nach den vielfältigen Rückschlägen, die der Orden erlitten hatte, die ihn dreimal sein Haupthaus verlieren ließen – Montfort-Akkon, Marienburg und Königsberg –, die ihn außer den Ostseeländern Preußen und Livland auch die mittelmeerischen Besitzungen kosteten, ja sogar im deutschen Reich in Böhmen eine Ballei nahmen, blieb er in der Folgezeit auf seine Balleien im deutschen Reich beschränkt. Hatten ihm diese einst als Nachschubbasis für Geld und junge Brüder gedient, so entwikkelten sie vor allem im 15. Jahrhundert unter Führung des Deutschmeisters ein immer stärkeres Eigenbewußtsein. So wurde bereits am Ende des 15. Jahrhunderts der Deutschmeister unter die Reichsfürsten aufgenommen, was die Situation für den Restorden nach 1525 wesentlich erleichterte.

Doch neben jenen Rückschlägen traf den Orden ein weiterer, der zum Teil sehr viel intensiver und dauerhafter in sein inneres Gefüge eingriff als die Territorialverluste, die Reformation. Die düsteren Aussichten des 15. Jahrhunderts besserten sich im 16. Jahrhundert nicht, sondern verschlechterten sich katastrophal. Infolge der kirchlichen Mißstände erscholl der Ruf nach einer Reform an Haupt und Gliedern immer lauter, ja es war wie vor einem Vulkanausbruch schon da und dort das unterirdische, unheimliche Grollen vernehmbar gewesen. So in England, wo Wiklif mit seinen Lehren die Fundamente der Kirche angriff; ein Menschenalter später in Böhmen, wo Johannes Hus ein Feuer anfachte, das die böhmischen und alle umliegenden Länder von 1417 bis 1436 in einen Vernichtungskrieg trieb. Um 1520 gedachte Martin Luther, den kirchlichen Mißständen zu steuern. Er riß ganz Deutschland in eine Kirchenspaltung hinein. Seinem Beispiel folgten Zwingli, Calvin und andere. Im Laufe des 16. Jahrhunderts tobte der Glaubenskampf durch das ganze Abendland außer der italienischen und spanischen Halbinsel.

Für die geistlichen Orden wurde die Glaubensspaltung besonders verhängnisvoll, weil alle Reformatoren das Ordensleben als etwas Naturwidriges strikt ablehnten. Bei der Erbitterung, mit der diese Glaubenskämpfe allseits geführt wurden, war ein Weiterbestehen der geistlichen Orden dort unmöglich, wo die Reformation zum Siege gelangte. Am Siege der Reformation waren aber um des Kloster- und Kirchengutes willen die vielen deutschen Fürsten, Kleinfürsten, Magistrate der Reichsstädte interessiert. Diese brachten langsam den Grundsatz zur rechtlichen Geltung: *Cuius regio, eius religio,* das heißt: der Landesherr bestimmt die Religion seines Herrschaftsgebietes.

Es konnte nicht ausbleiben, daß dem Schritt des abgefallenen Hochmeisters mancher Bruder folgte, wenn auch nicht unbedingt eine Güterentfremdung damit verbunden war. In Utrecht, Sachsen, Thüringen und Hessen siegte die neue Lehre völlig, so daß für einen katholischen Orden keine Existenzmöglichkeit verblieb. Von den Ordensbrüdern in diesen Balleien erlag ein Teil der allgemeinen Psychose und legte das Ordenskleid ab; der andere Teil, besonders auf den Pfarren, wurde verdrängt.

So kam es zu der seltsamen Situation, daß der Orden plötzlich trikonfessionell wurde. In der Ballei Sachsen wollten die lutherischen Ordensbrüder, ganz gegen Luthers Einstellung, Mitglieder des Ordens bleiben und sahen in ihrem Bekenntnis kein Hindernis. Um 1550 gab es dort nur mehr Protestanten, doch wurden Zölibat, Ordensgelübde und Gehorsam gegen den Hochmeister völlig aufrechterhalten und bloß die Heiligenverehrung abgeschafft und die Gelübdeformel durch einen Eid ersetzt. Noch in der napoleonischen Zeit, als auch dieses protestantische Gebilde aufgehoben wurde, blieben die Ritter der Tradition treu und suchten 1813 sofort Verbindung mit dem Hochmeister. Dann starben sie langsam aus.

In Thüringen hatte Herzog Georg von Sachsen schon 1535 angefangen, die Kommenden zu inventarisieren. 1537 erfolgte die Sperrung der Einkünfte. Die anderen sächsischen Fürsten machten es ebenso. Um 1540 waren Messe und katholischer Ritus überall abgetan. Alle Schritte des Ordens blieben umsonst. Die protestantischen Landesherren ließen die Ballei Thüringen wohl bestehen und dem Hochmeister das Recht, die Landkomture zu ernennen, duldeten aber nur Protestanten. Dieser Zustand blieb bis in die napoleonische Zeit.

In Hessen ergab sich während verschiedener Auseinandersetzungen im 16. und 17. Jahrhundert sogar, daß die Brüder Lutheraner und Reformierte sein mußten, es zusätzlich jedoch einen Katholiken gab. Das Amt des Landkomturs alternierte. Auch die protestantischen Brüder waren nach wie vor im Großkapitel vertreten und bestimmten die Politik des Ordens mit. Das allerdings ergab sehr oft Komplikationen, da an manchen Punkten auch bei bestem Willen Übereinstimmung zwischen den die Überzahl stellenden Katholiken und den meist sehr stark ihrer Territorialgewalt verbundenen Protestanten nicht möglich war. Trotzdem hielt diese Konstruktion bis 1809, abgesehen vom Ausscheren der inzwischen kalvinistischen Ballei Utrecht, die heute noch existiert, aus dem Gesamtorden 1637. Das eigentliche Band dürfte dabei der Besitz des Ordens gewesen sein. War er schon im 15. Jahrhundert vor allem im deutschen Reich immer mehr zu einem Versorgungsobjekt, einer persönlichen Pfründe der verwaltenden Brüder geworden, so galt das für die spätere Zeit erst recht. Das nunmehr geführte standesgemäße Leben hatte mit dem Gelübde der Eigentumslosigkeit des 12. und 13. Jahrhunderts und der daraus resultierenden Erscheinungsform wenig mehr zu tun. Nur bei den Priestern wirkte sich das noch aus, mit ein Grund, daß die größte Zahl der Ordenspriester in der Reformationszeit den Orden verließ, falls nicht eine gute Pfründe sie zum Bleiben bewog. So

Landkommende Altenbiesen
Schloßkirche Mergentheim ▶

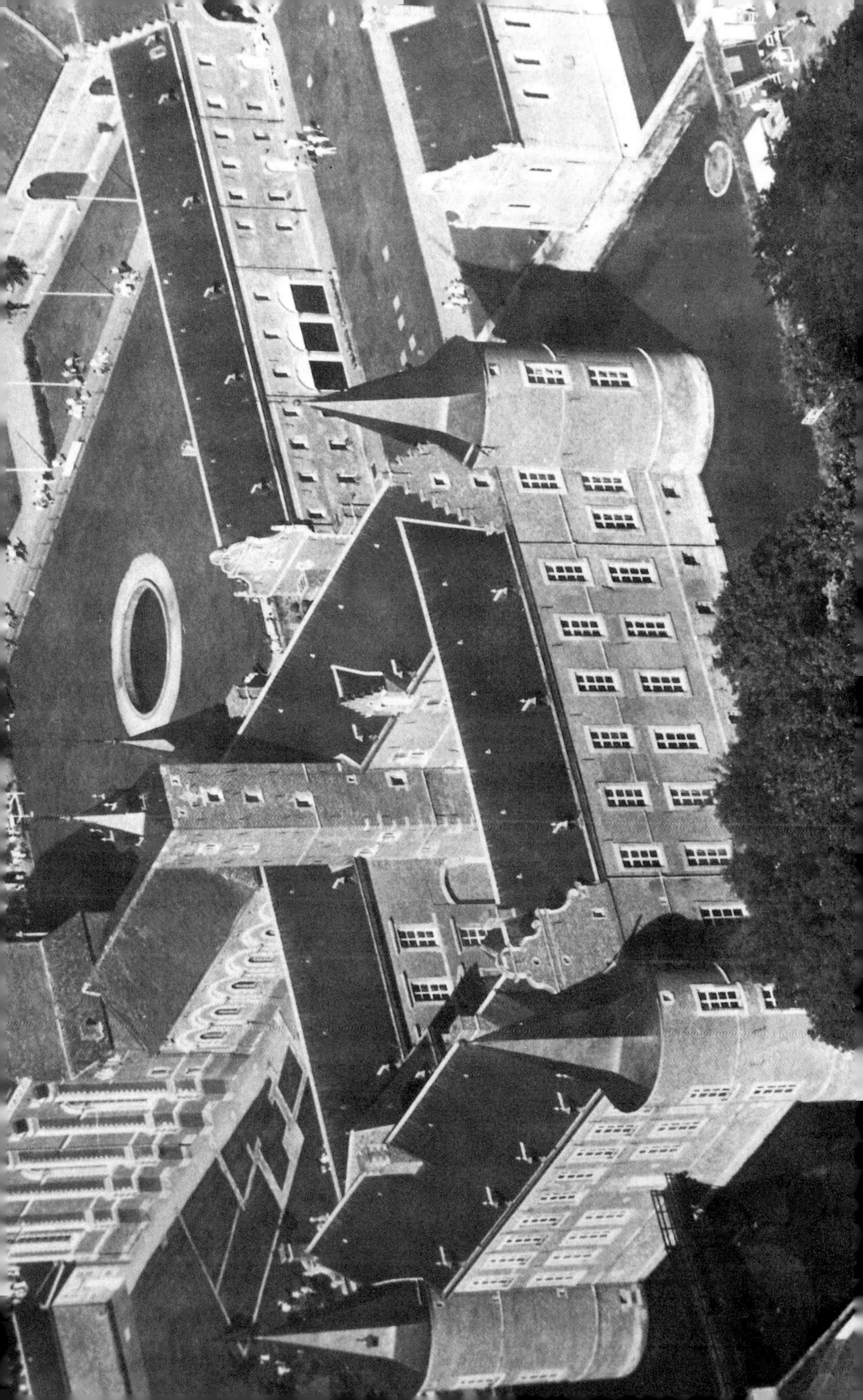

POENU REFERTA FIDEI
CONSTANTIA & FIRTITUDINE

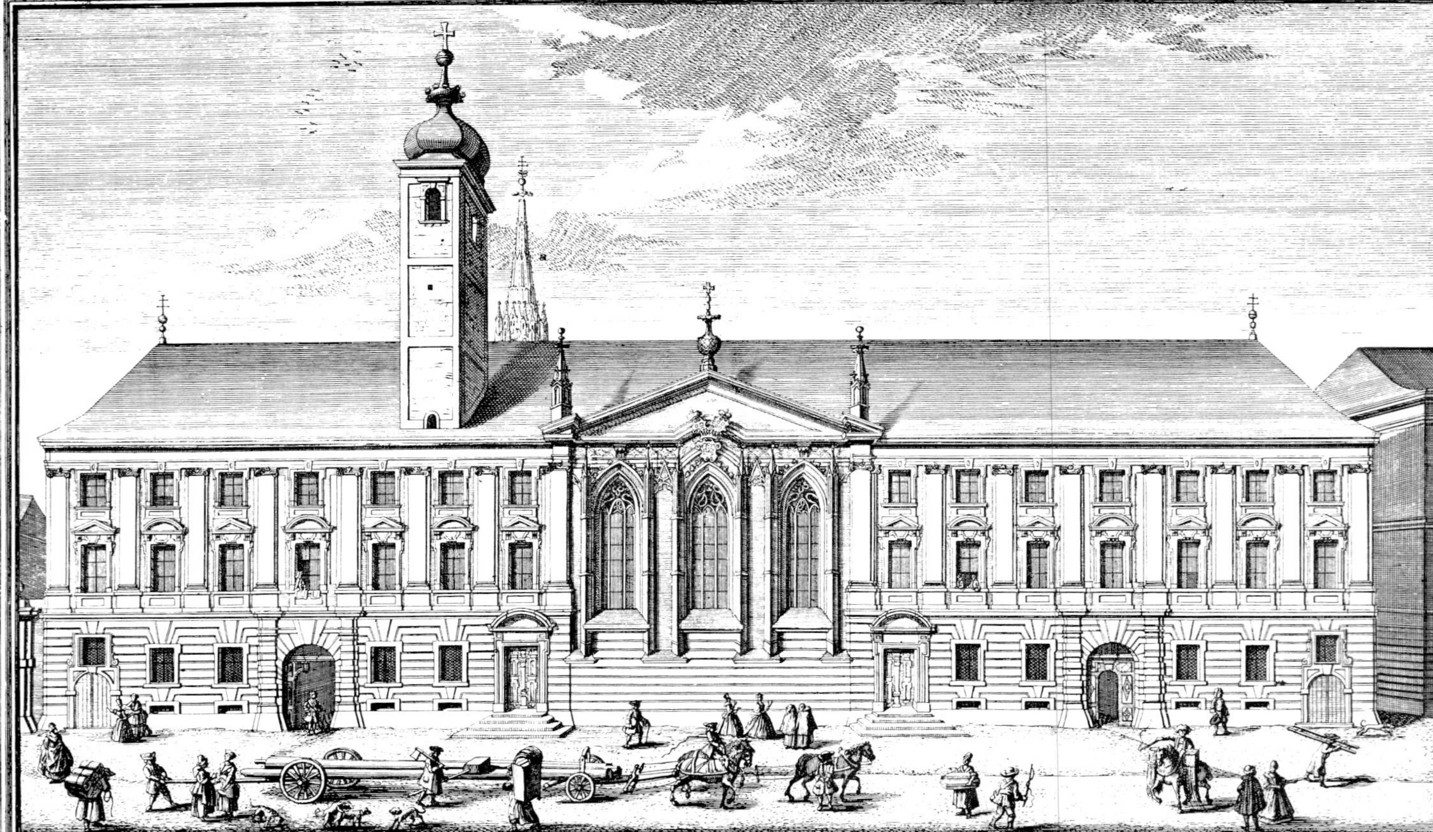

Prospectus Domûs Teutonicæ in vico cantorum, in qua St. Elisabethæ templum à S. Severino, ut perhibent, conditum. a. Turris S. Stephani.

Prospect des Teütschen Haüsses in der Singer-Strassen, dariñen eine Kirche St. Elisabethæ, soll von St. Severino erbaüet worden seyn. a. Der St. Stephans Thürn

waren um 1600 von den über 20 Balleien des Ordens nur mehr sieben katholische übrig: Biesen, Koblenz und Lothringen, Elsaß, Franken, Österreich und An der Etsch. Diese Balleien erlitten in der Reformation und im Dreißigjährigen Krieg wohl schwere materielle Schäden, aber keine größeren Einbußen und erholten sich ab 1650 zusehends. Für den Orden in der Schweiz war der Verlust der Kommende Bern verhängnisvoll. Kurz nach Fertigstellung des großen Münsters nahm der Heilige Stuhl die Kommende dem Orden weg, weil nach Bericht die Brüder nicht geeignet wären, die Reformation aufzuhalten. Der Berichterstatter wurde Pfarrer von Bern, vertrieb die Ordensbrüder und trat anschließend zum Protestantismus über.

Diese inneren Probleme konnten im 16. Jahrhundert nur sehr vorsichtig und nicht immer mit Erfolg gemeistert werden. Besser gelang die äußere Konsolidierung. Der alternde Deutschmeister Dietrich von Cleen fühlte sich 1525 den Problemen der Zeit nicht mehr gewachsen und trat zurück. Walter von Cronberg als Nachfolger hatte sich bereits vorher als kluger und energischer Komtur verdient gemacht. Unter seiner Leitung gelang die wesentliche äußere Konsolidierung. Er wurde zuerst *Meister in deutschen und welschen Landen* – wobei die Besitzungen in Italien nur noch in Rom und Umgebung als Sitz des Generalprokurators des Ordens an der Kurie lagen –, erhielt aber schon 1527 vom Kaiser die Berechtigung, sich *Administrator des Hochmeistertums* mit dem Besitzanspruch auf Preußen zu nennen. Erst später kam es zu der Titelform *Hoch- und Deutschmeister.* Das Provisorium wurde gewählt, weil man auf Preußen absolut nicht verzichten wollte. Von 1527 an arbeitete der Orden fast bei allen Reichstagen auf entsprechende Reichshilfe hin. Gleichzeitig wurde Mergentheim Sitz des Ordensoberhauptes. Nach der kapitularischen Absicherung dieses Vorgehens 1529, wobei auch die Unterstellung der ehema-

◀ *Hochmeister Maximilian II. Franz von Österreich (1780–1801)*
Landkommende Wien im 18. Jahrhundert

ligen preußischen Kammerballeien Koblenz, Elsaß und Österreich, die dem Hochmeister direkt unterstanden hatten, zugunsten Cronbergs geklärt und alle Vorgänge von Kaiser und Papst anerkannt waren, konnte sich der Orden als im wesentlichen gesichert betrachten.

Die nächste Aufgabe wäre eine gründliche Umarbeitung der Ordensregel gewesen, die in ihren administrativen Bestimmungen vielfach unbrauchbar und in ihren Anforderungen für Ritter des 16. Jahrhunderts viel zu schwer geworden war. Aus Pietät und Ehrfurcht vor der altehrwürdigen Regel kam es zu deren Neufassung erst um 1600 unter der Leitung des energischen Hochmeisters Erzherzog Maximilian von Österreich, der von 1590 bis 1618 regierte. Maximilian, bekannt als „Maximilian der Deutschmeister", war 1585 in den Orden eingetreten, hatte 1587 sich um die polnische Krone beworben und war nach 1602 Regent von Tirol samt Vorlanden. Um Tirol erwarb er sich hohe Verdienste.

Die Neuredaktion war vom Willen getragen, das Wesentliche der alten Regel fast unverändert als tragendes Gerüst der neuen zu übernehmen, Nebensächliches und Zeitgebundenes auszuschalten und die Fragen des geistlichen Lebens von denen der Administration – einschließlich Aufnahme, Ämter und dergleichen – scharf zu trennen. Anläßlich der Regelreform hätte an sich die Möglichkeit bestanden, dem Ritterorden eine erweiterte Basis zu geben, wie sie im Institut der *Anderen Brüder* schon um 1200 bestanden hatte. Freilich, ein solcher Versuch wäre angesichts des Widerstandes des deutschen Adels- und Fürstenstandes kaum durchführbar gewesen. Man kam gegenüber der alten, etwas holprigen und nicht ganz sinngemäßen Dreiteilung in *Regel, Gesetze* und *Gewohnheiten* zur Zweiteilung in *Regel* und *Statuten.* Zudem wurde aus dem alten, sehr umfangreichen Regelkodex ein sehr handliches Exemplar, das insgesamt nur 34 kurze Kapitel enthielt. An Form war die neue Regel der alten überlegen, an Geist freilich enthielt sie wesentlich mildere Bestimmungen. Sie wurde im Kapitel des Jahres

1606 von den 32 Kapitularen genehmigt und ohne päpstliche Sanktion vorgeschrieben.

Der Orden fand in seinem nunmehr sehr beengten Gebiet ohne sein Zutun mehr Gelegenheit zum Glaubenskampf als vorher, und zwar wieder gegen den Antipoden des Christentums, der 1346 zum dritten Angriff auf das Abendland ansetzte, als die Türken die Meerenge zwischen Europa und Asien überschritten. Sie waren um 1400 nach Niederwerfung der Griechen, Serben und Bulgaren bereits Herren bis zur Donau und Drina und 1526 Ungarns bis an die österreichische Grenze. Schon drei Jahre später und dann noch zweimal drang Sultan Soliman der Prächtige mit gewaltigen Heeren nach Wien vor. Nur die militärische Unfähigkeit des Sultans bewahrte die Kaiserstadt vor einer Katastrophe. Dann erlahmte die Angriffskraft im großen wohl durch 100 Jahre. Aber 1664 und 1683 waren wieder Türkenheere in alter Stärke auf dem Marsch nach Wien. Bei diesen Großangriffen ging es um die Existenz Österreichs. Es waren furchtbare, aber rasch vorüberziehende Gewitter. Viel verderblicher war der kleine Grenzkrieg, der dreihundert Jahre lang an Österreichs Grenzen tobte, zuerst mehr im Süden, dann aber von den Karpaten bis zur Adria. Diesen Kampf trugen türkische Freischärler, oft bis 10 000 Mann stark und mehr, tief in die österreichischen Lande, ja bis an die Grenzen Bayerns, Tirols und Böhmens. Die Freischärler gingen nur auf Beute und Zerstörung aus. Wo sie erschienen, sanken Dörfer und Gehöfte in Asche, wurden Wein- und Obstgärten umgehauen, Mensch und Vieh gemordet oder verschleppt. Nur feste Burgen und die ummauerten Städte boten Schutz gegen diese Banden. Nun bedenke man, daß die Freischärler bis Mitte des 16. Jahrhunderts in kurzen Abständen, dann aber jährlich wenigstens einmal, auftauchten und auf ihren schnellen Rossen unerreichbar durch die Lande rasten!

Die Zeit der Türkennot wurde der Ballei Österreich nahezu zum Ruin. Sie war wie keine andere Institution in der Gefahrenzone, denn fünf von ihren sieben Kommenden lagen hart an der Grenze. Da galt es, Kommenden und Kirchen in Festungen und Fluchtburgen zu verwandeln, sich vor die hilflosen Flüchtlingsmassen zu stellen und ihnen Nahrung und Pflege angedeihen zu lassen. Oft genug holten sich die Freischärler vor den Ordensburgen blutige Köpfe, wie 1502 am Leech zu Graz, wo der Komtur Balthasar Burghauser sie vernichtend schlug, und später vor Sonntag, das von der Schlacht *am großen Sonntag* in Großsonntag umbenannt wurde. Es waren Zeiten, die schwerste Anforderungen an jeden Ritter stellten, denn es galt, *alle Tage bereit zu sein, wenn man uns ruft, sogleich aufzusitzen und ins Feld zu ziehen.* Man mußte Balleikapitel absagen, weil keiner an seinem Platze entbehrlich war; einmal konnte der Komtur zu Laibach selbst am Generalkapitel nicht teilnehmen, *so gerne ich es möchte.* Vom Grafen Herberstein heißt es, er habe sein Leben lang im Feldlager geweilt. Als alter Kämpfer übernahm er noch das Kommando des linken Flügels der kaiserlichen Armee, stellte sich beim Sturm auf Ofen an die Spitze der Seinigen und fand hier 1686 den Tod.

Daß diese ständigen Kämpfe große Mittel kosteten, ist verständlich. Dabei sanken aber die Einkünfte der Ballei erschrekkend, denn es gab immer weniger Pachtzinse, die das Rückgrat der Wirtschaft bildeten. Die Pächter wurden getötet oder weggeschleppt und neue waren selbst für die ertragreichsten Weingüter schließlich nicht mehr zu finden. Man mußte von der Substanz zehren, vom Ausverkauf des Besitzes, der aber in jenen trüben Zeiten nur zu Schleuderpreisen anzubringen war. Wie erschreckend groß die Not wurde, erhellt daraus, daß sich der Landkomtur im Jahre 1664 außerstande sah, selbst die ganz baufällige Landkommende zu Wien nur notdürftig herzurichten.

Er bat das Generalkapitel um die Erlaubnis, alles niederreißen und den Grund verkaufen zu dürfen. Das Generalkapitel raffte aber, obwohl die altdeutschen Balleien noch unter den Folgen des Dreißigjährigen Krieges schwer litten, alle Geldmittel zusammen und ließ in Wien einen großen Neubau erstehen, der, wenig verändert, heute noch besteht.

Volk und Stände würdigten die Arbeit der Brüder. Die Komture waren überall kraft ihres Amtes die anerkannten Führer und Organisatoren der örtlichen Verteidigung, wiederholt ganzer Länder und ganz Innerösterreichs, das aus Kärnten, Steiermark und Krain bestand.

Die Ordensbrüder im übrigen Reich steuerten zum Türkenkampfe redlich bei. Freilich, reiche Mittel standen ihnen trotz des großen Besitzes nicht zur Verfügung. Sie hatten überall die Kreis-, Landes- und Reichssteuern und Abgaben zu tragen und dazu kostspielige Ehrendienste bei den Landesherren und beim Reichsoberhaupte. Dieses appellierte darüber hinaus ständig an die Opferwilligkeit und Ritterpflicht der Brüder in den Kämpfen mit aufsässigen Fürsten, Andersgläubigen und Franzosen. Die Wirtschaft litt dabei schwer unter den vielen Kriegsstürmen, in Elsaß, Lothringen und Pfalz durch die Einfälle der Franzosen, in Schwaben und Franken durch die Bauernrevolten, Kämpfe zwischen den Protestanten und Katholiken und schließlich, wie ganz Deutschland, durch den Dreißigjährigen Krieg in unfaßbarem Maße.

Trotzdem leistete das Generalkapitel von 1467 an einen jährlichen Separatbeitrag für die Türkenhilfe, zuerst 500–1000 Mann in losen Verbänden, von 1696 an in Stellung des Regimentes *Hoch- und Deutschmeister,* des späteren Wiener Hausregimentes. Wer vor Augen hat, daß die großen Schlachten des Dreißigjährigen Krieges von Heeren geschlagen wurden, die nur 20–30 Regimenter zählten, wird diesen Beitrag nicht gering finden.

Nach der Regel vom Jahre 1606 hatten alle jungen Ritter drei Jahre in einer Grenzburg zu dienen. Die Ordenstruppe hatte Ordensbrüder als Offiziere, und auch sonst treten solche oft genug auf. Nicht wenige gehören zu den Koryphäen der

Türkenkriege: die Hochmeister Johann Kaspar von Ampringen und Maximilian als Leiter des gesamten Grenzschutzes; Ludwig Anton als Führer des linken kaiserlichen Flügels nach 1683, bei gefährlichen Operationen immer an der Spitze seiner Leute Guido von Starhemberg als Retter Wiens, als bei der Belagerung der Stadt im Jahre 1683 im Hauptarsenal ein Brand ausbrach. Starhemberg raffte mutige Leute zusammen und begoß mit ihnen stundenlang die Pulverfässer, zugleich sich mit dem Schilde gegen Brandstücke deckend. 1687 und 1697 führte er den entscheidenden Stoß bei Mohács und Zenta.

Aber die Rolle des Ordens in den Türkenkriegen war doch eine ganz andere als seinerzeit in Preußen und Livland. Hier war er der Führer schlechthin, im Türkenkampf dagegen nur ein Glied in der langen Kette. Erst langsam erkannte man die Notwendigkeit, dem Orden eine mehr selbständige Stellung einzuräumen. Dafür setzte sich nach 1565 der kaiserliche Rat Schwendi ein. Nach seinem Plane sollte der Orden fürs erste eine Grenzburg erhalten, von dort aus weitergreifen und schließlich den ganzen Grenzschutz übernehmen. Die Mittel dafür sollten aus den aufgehobenen Klöstern und Beiträgen der Stifte und Prälaten aufgebracht werden. Für diesen Plan war der linke Flügel der Protestanten, jedoch mit dem Vorbehalt, daß auch Evangelische in den Orden aufgenommen würden. Kaiser Maximilian II. genehmigte Schwendis Plan, gedachte aber, die im Reiche ansässigen Ritterorden zu einem neuen interkonfessionellen Orden zu vereinigen.

Gegen Schwendis Forderungen waren die katholischen Stände, gegen Maximilians Plan mehrere mächtige Fürsten, darunter auch sein Neffe König Philipp II. von Spanien. Aussicht auf Annahme im Reichstage bestand bei keinem der beiden Pläne. Daß ein interkonfessioneller Orden auf die Dauer unhaltbar sei, dürften auch die einsichtigeren Männer jener Zeit erkannt haben, ebenso, daß man auf Reichshilfe nicht rechnen dürfe. Der greise Hochmeister Heinrich von Bobenhausen lehnte nicht offen ab, machte aber mit Recht geltend, der Orden werde bei seinen nunmehr sehr beschränkten Mitteln Ersprießliches erst nach Rückgabe der entzogenen Balleien und nach Wiederherstellung der seinerzeitigen Abgabenfreiheit im Reiche leisten, auch die Besitzungen im Reiche nicht ganz im Stiche lassen können. Darauf schlief das Projekt ein.

In der Zeit der Türkennot und des offenen oder latenten Kriegszustandes zwischen den christlichen Konfessionen war noch mehr als mit dem Schwerte mit den Waffen des Geistes zu kämpfen, um die katholische Religion zu erhalten. Diese wurde in allen deutschen Gebieten von den verschiedensten neuen Glaubenslehren bedrängt, die mit der Schwungkraft jugendlicher Bewegungen reißende Fortschritte machten. Letzteres vielleicht am meisten wegen der vielenorts herrschenden Not an Priestern oder an solchen Priestern, die genügend geschult waren, den neuen Gedanken richtig entgegenzutreten. Diese Not hörte nur langsam und dort auf, wo entsprechend den Beschlüssen des Konzils von Trient (1545–1563) Priesterseminarien gegründet wurden. Das dauerte freilich bis über den Dreißigjährigen Krieg hinaus.

Beim Orden herrschte Not an Priestern in Österreich und besonders in Tirol. Zum Glück scheint der priesterliche Nachwuchs innerhalb des Ordens in Süddeutschland bedeutend gewesen zu sein, denn es wurden von dort fortgesetzt Priesterbrüder in die österreichischen Lande geschickt. Aber schon bald entschloß man sich zur Errichtung von Seminaren. Heinrich von Reuschenberg, Landkomtur der Ballei Biesen, errichtete 1574/78 eine auch zur Priesterausbildung gedachte Burse in Verbindung mit der *Bursa Laurentiana* an der Universität Köln. Sie wurde anfänglich für zwölf Personen gestiftet, die katholisch, ehelich geboren, 14 Jahre alt und der Anfangsgründe des Wissens, auch des Latein, mächtig sein mußten. Der Aufenthalt sollte sieben Jahre dauern. Ein Seminar schuf Hochmeister Maximilian der Deutschmeister im Jahre 1606 zu Mergentheim, andere folgten. Während Köln für Studierende aus den Gebieten zwischen Rhein und Maas in Betracht kam, war Mergentheim für die süddeutschen und österreichischen bestimmt. Freilich erkannte man schon damals, daß Bewerber aus den Ordenspfarreien bevorzugt werden müßten, weil bei ihnen schon eine gewisse Verbundenheit mit dem Orden vorhanden wäre.

Aus diesen Seminaren ging ein zahlenmäßig starker und hochachtbarer Priesterstand bis zum Ende des Ordens in Deutschland hervor. Daneben war man aber bemüht, Ordensbrüder auf höheren Schulen weiter ausbilden zu lassen. Den Beweis dafür kann jeder auf den Friedhöfen der ehemaligen Ordenskirchen und in ihnen selbst sehen, wo viele Grabsteine von Ordenspriestern sind, die akademische Grade erworben hatten. Außerdem förderte der Orden überall junge Orden, besonders die Kapuziner, als außerordentliche Mitarbeiter in der Seelsorge.

So gelang es dem führenden, katholischen Teil des Ordens – auch wenn er evangelische Balleien hatte –, die katholische Religion in allen Stätten seines Wirkens zu erhalten, oft mitten in Gebieten, die sich dem neuen Glauben zugewandt hatten. So ist es wohl auch in erster Linie Hochmeister Maximilian dem Deutschmeister zuzuschreiben, daß Tirol katholisch blieb.

Als die Nöte des Dreißigjährigen Krieges etwas überwunden waren, begann im Orden, wie überall, eine rege, sehr großzügige Bautätigkeit. In der Renaissancezeit handelte es sich weniger um Neubauten als um Zubauten zu älteren. In der Barockzeit dagegen wurden mächtige, künstlerisch hochwertige Bauten geschaffen, wie die Landkommende zu Ellingen, das Deutsche Haus zu Nürnberg, das zu Sachsenhausen, die Landkommende zu Altshausen und viele andere. Bei diesen Neubauten wurde auch großes Gewicht auf mächtige Schloßkirchen gelegt, wie zu Mergentheim und Ellingen. Das Deckengemälde der Mergentheimer Kirche gehört zu den größten solcher Art. Neben den großen Bauten wurden viele Dorf- und Stadtkirchen neu gebaut und reich ausgestattet.

Schloß Freudenthal
Hochmeister Maximilian III. Joseph ▶
von Österreich-Este (1835–1863)

MDCCLXVI
MDCCCLXIX

Im Jahre 1789 brach in Frankreich jener Kampf gegen das absolute Königtum und gegen den Feudalismus aus, der unter dem Namen „Französische Revolution" bekannt ist. Der Kampf richtete sich bald auch gegen die Kirche und besonders gegen die Klöster. Diese wurden zuerst in Frankreich unterdrückt, 1797 auch in den linksrheinischen Gebieten des Hl. Römischen Reiches, als diese Länder mit der französischen Republik vereinigt wurden. So gingen die Balleien Elsaß und Lothringen ganz unter, Biesen und Koblenz zum größten Teil.

Durch die unglücklichen Kriege Österreichs von 1799 und 1805 wurde Napoleon Herr Deutschlands bis zur Elbe und zum Inn. Der Friede von Preßburg vom 26. Dezember 1805 schien das Ende des Ordens zu bringen, denn Artikel 12 bestimmte:

> *Die Würde eines Großmeisters des Deutschen Ordens, die Rechte, Domainen und Revenuen, welche vor dem gegenwärtigen Kriege von Mergentheim, dem Hauptsitze des Ordens, dependierten, die anderen Rechte, Domainen und Einkünfte . . . sollen nach der Ordnung der Erstgeburt in der Person und der direkten und männlichen Deszendenz desjenigen Prinzen des kaiserlichen Hauses erblich werden, der von Sr. Majestät, dem Kaiser von Deutschland und Österreich, dazu bestimmt wird.*

Kaiser Franz ließ aber dem Orden, dessen damalige Hochmeister nacheinander seine Brüder Karl und Anton Viktor waren, völlig unangetastet. Die Ruhe dauerte freilich nicht lange, denn nach dem unglücklichen Krieg von 1809 mußte der Kaiser auf die Ordensgüter außerhalb der Erblande verzichten und die österreichischen Küstengebiete an Frankreich abtreten. Fast gleichzeitig erklärte Napoleon den Orden in allen Staaten des Rheinbundes für aufgelöst, woraufhin sich diese alle seine Güter, Häuser und Kirchen aneigneten.

◂ *P. Peter Rigler (1796–1873)*
Konvent Lana bei Meran

Ein Aufhebungsdekret Napoleons bedeutete zugleich strengstes Verbot der Weiterexistenz des Ordens. Die außerhalb Österreichs lebenden Ordensbrüder wären als Verbrecher behandelt worden, wenn sie das Ordenskleid weiter getragen, geistlichen Oberen des Ordens gehorcht oder Novizen aufgenommen hätten. Das mußte bei längerer Dauer des Druckes zum Aussterben des Ordens dort führen. So kam es auch.

Damit waren die Balleien Elsaß, Franken und An der Etsch vernichtet. Westfalen und die Reste der Balleien Biesen und Koblenz waren schon 1807 aufgelöst und enteignet worden. So verblieben dem Orden nur seine wenigen Häuser im damaligen Kaiserstaate Österreich: Wien und Graz, Friesach und Troppau und die in Österreichisch-Schlesien gelegenen Herrschaften Eulenburg und Busau, Langendorf und Freudenthal mit ihren Kirchen. Diese Herrschaften waren von den Hochmeistern in den Jahren 1623 und 1696, 1707 und 1621 kaufweise erworben worden.

Der glückliche Ausgang der Befreiungskriege erweckte in den Brüdern die Hoffnung, der Stand des Ordens von 1790 könnte wiederhergestellt werden. Es meldeten sich auch überall begeisterte Fürsprecher, und zwar Männer von höchstem Ansehen, wie Stein und Metternich. Aber am einheitlichen Widerstand der deutschen Mittel- und Kleinstaaten scheiterten alle Bemühungen; der Orden bekam nichts zurückgestellt und blieb auf den Kaiserstaat Österreich beschränkt. Damit war das Ende des Ordens im deutschen Reich besiegelt.

V. Im Kaiserreich Österreich 1815–1918

In Österreich war die rechtliche Lage des Ordens nicht viel besser als außerhalb. Es hing nur vom Willen des Kaisers und seines Bruders, des Hochmeisters Anton Viktor, ab, ob aus dem Ordensgut eine erbliche Apanage des Erzherzogs werden sollte. Dieser lehnte es aber ab, seinen Ordensverpflichtungen untreu zu werden. Kaiser Franz, der über Artikel 12 des Preßburger Friedensvertrages persönlich wenig erfreut war, trug der Gesinnung des Hochmeisters mit der Erklärung vom 17. Februar 1806 Rechnung, die bestimmte: Hochmeister, Landkomture und Komture sollen weiterhin im Genusse ihrer Ämter und Einkünfte verbleiben und Aufnahmen in den Orden gestattet sein, freilich nur mit Zustimmung des Kaisers. So konnten in den folgenden Jahren die Ämter ohne Schwierigkeit besetzt und neue Mitglieder aufgenommen werden. Metternich, der mächtige Staatskanzler, fungierte bei Ritterschlägen sogar persönlich als *Aufschwörer,* als Bürge für die Würdigkeit des Aspiranten. Als Napoleons Reich zusammenbrach und Tirol sowie die österreichischen Küstenlande wieder an den Kaiserstaat kamen, leistete die Regierung alle Mithilfe zur Wiedererwerbung der ehemaligen Kommenden in diesen Gebieten. Die Ballei An der Etsch hatte glücklicherweise in Ignaz Graf Brandis einen Mann an der Spitze, der ganz für den Orden lebte. Seine Mittel und Kräfte reichten aber nur aus, die Kommenden Bozen und Lengmoos zurückzukaufen, Sterzing und Schlanders blieben verloren.

So blieb Artikel 12 des Preßburger Friedens wohl theoretisch bestehen, praktisch wurde er aber außer Kraft gesetzt. Doch hing das Schicksal des Ordens vom Wohlwollen des jeweiligen Monarchen ab. Das bedeutete aber zu jener Zeit des

Staatskirchentums und des Josefinismus einen Zustand, der alle Aufbaukräfte lähmen mußte. Noch viel schwerwiegender war der Umstand, daß der Orden auf ein nunmehr viel zu kleines Arbeitsfeld eingeengt war und daß das gemeinsame Leben, die Grundlage für ein blühendes Ordensleben, nicht wiederhergestellt werden konnte. Vor 1800 hatte das Priestertum des Ordens an 300 Seelsorgsstationen innerhalb des Heiligen Römischen Reiches zu versorgen und ergänzte sich aus den musterhaft geführten Seminaren zu Mergentheim und Köln. Aus ihnen war ununterbrochen ein Nachwuchs von hochgebildeten Ordenspriestern hervorgegangen, der unter sich und mit dem Gesamtorden in enger Verbindung blieb und vom besten Geiste beseelt war. Nunmehr aber fehlte dem Rittertum und den Priestern des Ordens ob der Enge und Unsicherheit auch der Schwung, sich richtig zu regenerieren. Dieser Zustand, der 25 Jahre andauerte, mußte sich verderblich auswirken.

Dieser Zustand widerstrebte auch dem Rechtlichkeitssinn des Kaisers. Freilich dauerte es – wie in allen Dingen – bei Kaiser Franz lange, bis er ihn zu beseitigen beschloß. Das wurde mit kaiserlichen Handschreiben vom 20. Februar 1826 in Angriff genommen, die fast gleichlautend an den Staatskanzler und an die Minister ergingen. An Metternich schrieb der Kaiser:

> *Lieber Fürst Metternich! Sie kennen meine Gesinnung, welche auf die Erhaltung würdiger Institute, die möglichste Erhaltung des Willens der Stifter und Hintanhaltung aller ohne hinreichend erwiesene Rechtmäßigkeit erworbenen Güter vom Besitzstand meines Hauses und meiner Staaten abzielen. Dürfte es nicht vielleicht an der Zeit sein, den Orden ganz in seine vorige Existenz in den österreichischen Staaten herzustellen . . ., das Meinem Haus übertragene Eigentum des Ordensvermögens dem Orden wieder mit dem Recht, sich seinen Hoch- und Deutschmeister zu wählen und Ordensglieder aufzunehmen, zurückzustellen?*

Die Minister scheinen über das Bedenken des Monarchen, daß Staatsverträge keine genügende Begründung der Rechtmäßigkeit eines Raubes seien, fast entsetzt gewesen zu sein. Sie erklärten aufs schärfste, der Kaiser sei durch den Preßburger Frieden unanfechtbarer Eigentümer des Ordensgutes geworden und er sei auch moralisch zur Rückgabe desselben nicht verpflichtet, da er keine größeren Verpflichtungen habe als die anderen deutschen Fürsten. Nur der Staatskanzler nahm gegen diese Anschauung Stellung. Es geschah in feinster diplomatischer Form: Der Kaiser könne der begeisterten Zustimmung aller rechtlich Denkenden sicher sein, wenn er als Herrscher des Großstaates und als katholischer Monarch die Weiterexistenz eines altehrwürdigen Institutes durch Verzicht auf ein formal unanfechtbares Recht ermögliche. Metternich nahm den Standpunkt ein, es handle sich um einen geistlichen, nie erloschenen und durch kein Staatsgesetz zu vernichtenden Orden und deshalb nur um die Frage der Rückgabe der Güter.

Kaiser Franz schob die Gutachten der Minister beiseite und beauftragte Metternich mit der Ausarbeitung bestimmter Grundsätze für die Lösung der Frage. Dieser stellte dem Kaiser am 7. März 1828 vor:

Von seiten des Kaisers wäre eine ausdrückliche Verzichtleistung auf sämtliche Eigentums- und sonstige Rechte . . ., welche durch den Artikel 12 des Preßburger Friedenstraktates hinsichtlich des Deutschen Ordens zugewiesen sind, erforderlich . . . Da der Deutsche Ritterorden als geistlich moralische Person niemals erloschen war, sondern vielmehr als fortbestehend zu betrachten ist . . ., würde die Reorganisation des Ordens füglich aus sich selbst hervorzugehen haben . . . So wie bei der vorigen deutschen Reichsverfassung der römische Kaiser, so würde von nun an Se. Majestät der Kaiser von Österreich als Schutz- und Schirmherr des Deutschen Ordens zu betrachten sein.

Den dritten Punkt entwickelte Metternich in weiteren Gutachten dahin: Der Charakter des Ritterordens, seine vormalige

Stellung und besonders der persönliche Rang des Hochmeisters gebiete, daß man den Orden der Aufsicht niederer Staatsorgane entziehe. Um aber dem Staate die Oberaufsicht und die Sorge um Erhaltung der Vermögenssubstanz zu wahren, müsse ein Rechtstitel gefunden werden. Als solcher erscheine der des Lehens geeignet, das an die Tradition anknüpfe und einen altehrwürdigen Charakter habe. Kaiser Franz handelte nach diesen Grundsätzen, gab aber erst am 8. März 1834 dem Großkapitel des Ordens den Auftrag, die Ordensregel umzuarbeiten.

Dafür gab Kaiser Franz zwölf Leitgedanken. Die wichtigsten derselben sind: Der Kaiser verzichtet auf alle Anrechte aus dem Artikel 12 des Preßburger Friedenstraktates und er hebt konsequenterweise auch seine Verfügung vom Jahre 1806 auf. Infolgedessen soll der Orden in alle früheren Rechte und Pflichten, und zwar mit den Rechten jedes Privateigentümers, eintreten. Der Orden wird von der Oberaufsicht der landesfürstlichen Behörden eximiert und hat den Rang eines selbständigen geistlichen Institutes, das nur dem unmittelbaren kaiserlichen Lehensband unterliegt. Die Ordensmitglieder werden nach ihren *aufhabenden Pflichten als Religiosen betrachtet.* Etwa eintretende kaiserliche Prinzen haben dieselben Verpflichtungen wie jeder andere Ritter.

Der Verzicht auf Artikel 12 des Preßburger Friedenstraktates setzte den Orden automatisch wieder in den alten Stand. Wenn der Kaiser darüber hinaus dem Orden alle Rechte eines Privateigentümers zuerkannte, so verzichtete er damit auch auf die Ansprüche, die er auf Grund des spätmittelalterlichen Lehnsrechtes haben konnte, und gab somit dem Begriff Lehen die authentische Interpretation: das Lehensband soll nur beinhalten, daß der Deutsche Orden eine ehrenvolle, gesonderte Stellung unter den Orden des Kaiserstaates einnehmen soll. Zu dieser Rechtsauffassung kam selbst die Römische Konferenz der österreichischen Nachfolgestaaten im Jahre 1927 in Rom. Zu Beginn der Konferenz stand es für die Vertreter der drei slawischen Staaten und Rumäniens fest, daß der Orden nur ein

Ehrenorden und seine Güter Eigentum des Hauses Habsburg seien. Unter dem Eindruck der kaiserlichen Weisungen vom Jahre 1834 wurde dieser Standpunkt von allen fallengelassen.

Das Großkapitel des Ordens führte daraufhin die nötigen Änderungen an der Ordensregel vom Jahre 1606 durch. Der erste Teil, *Regel* benannt, wurde unverändert übernommen. Der zweite Teil, *Statuten* betitelt, wurde um die Großkapitelbeschlüsse seit 1606 erweitert, in den Bestimmungen über den Hochmeister völlig neu bearbeitet und in anderen bedeutend verändert. Der kaiserliche Regentschaftsrat zwang aber einen kirchenrechtlich bedenklichen Passus auf: wenn bei Ableben des jeweiligen Hochmeisters mehrere kaiserliche Prinzen im Orden wären, so erwarte der Kaiser von der Dankbarkeit des Ordens, daß die Wahl auf den Würdigsten derselben gelenkt werde. Die neue Regel, benannt *Statuten des Deutschen Ritterordens,* wurde vom Großkapitel des Ordens im Jahre 1839 angenommen und vom Kaiser am 28. 6. 1840 feierlich bestätigt.

Nicht nötig war, daß man die altehrwürdigen Titel *Deutscher Orden* und *Regel des Deutschen Ordens* in *Deutscher Ritterorden* und *Statuten des Deutschen Ritterordens* umwandelte. Durch das kaiserliche Patent war die Rechtslage geklärt und dem Orden im Kaiserstaate eine sehr ehrenvolle Stellung gesichert. Aber das lange Warten und die Enge des Arbeitsfeldes hatten die Zahl der Ordensmitglieder reduziert und ihm den im Jahre 1815 noch vorhandenen Schwung für eine Regenerierung wesentlich verringert.

Erzherzog Maximilian von Österreich-Este, Hochmeister von 1835 bis 1863, betrachtete die Regenerierung des Ordens als seine Lebensaufgabe. Er legte schon im Jahre 1837 Pläne dafür dem Papst vor und fand dessen Billigung. Maximilian glich seinem Vorbilde Maximilian dem Deutschmeister sowohl an Frömmigkeit wie an Selbstentsagung und Liebe zum Ordensleben. Wie dieser pflegte er jährliche Exerzitien, spartanische Sparsamkeit gegen sich selbst, Freigebigkeit gegen Mitmenschen, besonders aber gegen Orden. Klemens Maria Hofbauer konnte sein segensreiches Wirken in Wien nur über persönlichen Einsatz des Hochmeisters eröffnen. Freilich, die überragende Geistesgröße des ersten Maximilian ging ihm ab. Der Hochmeister erkannte, daß er für sein Reformwerk eines priesterlichen Geistesmannes bedürfe. Er fand ihn in der Person des Peter Paul Rigler, damals Theologieprofessor zu Trient. Rigler genoß als Theologe und Erzieher des Klerus Ansehen weit über seine Diözese hinaus. Er durfte mit Bewilligung seines Bischofs, Johann Nepomuk von Tschiderer, 1842 in den Deutschen Orden übertreten.

Der vom Papst im Jahre 1838 gebilligte Reformplan enthielt nur zwei Punkte: Wiederbelebung des mittelalterlichen Instituts der Deutschordensschwestern, um durch sie das karitative Wirken des Ordens in Schulen, Spitälern und an ähnlichen Orten zu erneuern, sowie Rückführung des Priestertums des Ordens zu strengster Ordensdisziplin. Um das zweite zu erreichen, gedachten Maximilian und Rigler Häuser zu errichten, in denen das gemeinsame Ordensleben streng eingehalten würde, in denen aber auch der Nachwuchs im gleichen Geiste klösterlicher Strenge herangeschult werden sollte. Beide Institutionen sollten vorerst an den Seelsorgsstationen des Ordens eingesetzt, später aber zu weltweiten Organisationen ausgestaltet werden.

Zur Gründung des Schwesterninstituts erbat sich der Hochmeister im Jahre 1837 Schwestern aus dem Mutterhause Zams der Barmherzigen Schwestern. Diese Schwestern wurden im alten Edelsitze Lanegg im Ort Lana bei Meran untergebracht. Als sich schon wenige Wochen später fünf Kandidatinnen gemeldet hatten, konnte 1841 die erste Profeß von Deutschordensschwestern stattfinden. Man wagte, die Hälfte derselben sofort nach Troppau zu schicken, um dort ein neues Haus zu eröffnen. Diese zwei Häuser wurden zu Provinzhäusern erhoben.

Hochmeister Eugen von Österreich (1894–1923)
Generalkapitel 1929 ▶

Ihnen unterstanden in kurzer Zeit nicht wenige Filialen, weil der Hochmeister an allen größeren Seelsorgsstationen des Ordens Schulen, Krankenhäuser, Altersheime und dergleichen errichtete.

Die Gründung von Häusern – Konvente benannt – für Priester erwies sich schwieriger als bei den Schwestern. Der Grund dafür war der, daß Maximilian die Konvente an einem möglichst abgelegenen Ort errichten wollte, Rigler dagegen in einer größeren Stadt mit höheren Schulen. Maximilians Absicht war, das junge Institut in Demut und Innerlichkeit tief zu fundieren. Rigler aber war überzeugt, daß das Priestertum größerer Arbeitsfelder und höherer Bildungsstätten bedürfe. Rigler gab zuletzt nach. Daraufhin wurde der erste Konvent 1855 eingerichtet, wieder in einem alten Edelsitz zu Lana. Im Jahre 1858 gingen Konventualen nach Eulenburg in Mähren ab, um dort den zweiten Konvent einzurichten, der 1866 nach Troppau verlegt wurde. Dorthin wurde dann auch das Knabenseminar verlegt, das Maximilian in der abgelegenen Eulenburg eingerichtet hatte.

Beide Stiftungen mußten mit einer neuen Regel und mit den nötigen Einkünften ausgestattet werden. Als Regel für die Schwestern wurde mit wenigen Änderungen die Regel der Barmherzigen Schwestern des hl. Vinzenz von Paul angenommen. Sie wurde unter dem Titel *Konstitutionen der Barmherzigen Schwestern des Deutschen Ordens* am 1. Juli 1854 vom Papst bestätigt.

Bezüglich der Priesterregel herrschte wieder Zwiespalt zwischen dem Hochmeister und Rigler. Dieser glaubte, nicht *neuen Wein in alte Schläuche* gießen zu dürfen, sondern eine völlig neue Regel schaffen zu müssen. Der Erzherzog dagegen bestand auf möglichster Anlehnung an die alte Deutschordensregel. Da sich das Generalkapitel des Ordens ganz auf die Seite

◀ *Elisabeth-Kirche in Wien*
Kloster Lanegg

des Hochmeisters stellte, mußte Rigler wieder nachgeben. Er mußte sogar bei der Neufassung der Regel dem Abt des Benediktinerstiftes Raigern maßgebenden Einfluß gewähren.

Aus dieser Zusammenarbeit mit einem völlig Ordensfremden konnte wenig Gutes erwachsen. Rigler scheint ermüdet zu vielem „ja" gesagt zu haben, was als völlig Nebensächliches, Zeitgebundenes und wohl auch Überflüssiges in die neue Regel übernommen wurde. Trotzdem wurde die Regel am 14. Juli 1871 vom Heiligen Stuhl bestätigt.

In der wirtschaftlichen Ausstattung beider Stiftungen ging Maximilians spartanisches Armutsideal wohl zu weit. Er wies beiden Konventen die Zinsen von 185 000 fl als Stiftungskapital an, den beiden Mutterhäusern der Schwestern die Zinsen von 796 000 fl als Stiftungskapital.

Da für jeden Konvent 13 Brüder und für die zwei Mutterhäuser 145 Schwestern berechnet waren, genügte die finanzielle Ausstattung bloß für die elementarsten Bedürfnisse. Die Hochmeister Erzherzog Wilhelm (1863–1894) und Erzherzog Eugen (1894–1923) erkannten diesen Mangel und trugen für die Bedürfnisse der Priester und Schwestern oft reichlich bei.

Das Rittertum des Ordens wandte sich in den sechziger Jahren dem Kriegssanitätswesen zu, das in den Feldzügen von 1859 und 1864 schwere Mängel aufgewiesen hatte. Es sollten nunmehr leicht bewegliche Feldspitäler mit Fuhrwerkparks geschaffen werden und die verfügbaren Ordensanstalten als Kranken- und Rekonvaleszentenheime für verwundete und kranke Soldaten bereitgestellt werden. Schon 1859 wurde das Mutterhaus Lanegg in ein Lazarett verwandelt; 1864 ging ein Feldspital des Ordens nach Schleswig, 1885 das erste modernst eingerichtete Feldspital auf den serbisch-bulgarischen Kriegsschauplatz ab.

Um die nötigen Geldsummen aufzubringen, wurden alle Ordensritter zu jährlichen Beiträgen verpflichtet und dazu im Jahre 1866 das Institut der Ehrenritter, 1871 das der Marianer des Deutschen Ordens geschaffen. Ehrenritter und Marianer verpflichteten sich zu jährlichen Beiträgen für das Hospitalwesen. Als Zeichen der Verbundenheit mit demselben erhielten sie ein Ehrenkreuz des Ordens. Diese Institute fanden großen Anklang. So hat der Ordenskatalog vom Jahre 1914 nicht weniger als 46 Förderer des Sanitätswesens aus königlichen Familien, 29 Ehrenritter, 76 Marianer mit dem Halskreuze und 1353 adelige Herren, meist Offiziere. Mit den wachsenden Mitteln wuchs auch das Feldsanitätswesen stark an. Im Kriege von 1914 bis 1918 konnte der Orden vier große Feldspitäler mit 15 Kraftwagenkolonnen aufstellen und im Hinterlande fortgesetzt 2000 bis 3000 verwundete Soldaten in seinen Lazaretten aufnehmen.

Durch das großzügige Sanitätswesen wurden die Mittel des Ordens so in Anspruch genommen, daß die Entwicklung der Priesterkonvente und Schwesternhäuser zurückblieb und beide Institutionen im Verhältnis zum Ideal des Hochmeisters Maximilian ein Torso wurden. Neue Priesterkonvente konnten erst 1917 und 1924 zu Ljubljana (Laibach) und zu Gumpoldskirchen bei Wien errichtet werden, neue Mutterhäuser der Schwestern 1880 und 1889 zu Friesach und zu Ormož (Friedau) im heutigen Jugoslawien.

Noch hinderlicher war aber, daß der Orden als immens reich betrachtet wurde. So kamen wohl viele Ansuchen um Ordenspriester und -schwestern, auch nach Übersee, aber ausnahmslos unter der Voraussetzung, daß der Orden alle finanziellen Lasten tragen werde. Der Orden war mit 20 000 ha Gesamtbesitz aber eher arm. Nur seine traditionelle Verwaltungskunst verschaffte ihm Geldmittel über das zu erwartende Maß hinaus und ermöglichte ihm sogar nach allen Finanzkrisen (wie 1811, 1873 und nach 1918), Kapitalien anzusammeln, so daß das Hospitalwesen sowie Priesterkonvente und Schwesterninstitute aufrechterhalten, ja immer wieder erweitert werden konnten.

So hatte der Orden vermocht, auch nach den zutiefst einschneidenden Vorgängen zu Beginn des 19. Jahrhunderts seine Existenz erneut zu sichern. Allerdings war das Verhältnis von Rittern zu Priestern und Schwestern höchst ungleichgewichtig, was auf längere Zeit sicher nicht unproblematisch geblieben wäre. Doch die Folgeereignisse des für das Kaiserreich Österreich verlorenen Ersten Weltkrieges brachten eine neue Zäsur mit sich, die in ihren Auswirkungen das Bild des heutigen Ordens formen sollte.

VI. Die Entwicklung 1918–1992

Mit dem Zusammenbruch des österreichischen Kaiserstaates schien das Ende des mit dem Hause Habsburg so innig verbundenen Ordens gekommen. Das hauptsächlich deshalb, weil in allen österreichischen Nachfolgestaaten außer Österreich selbst der Irrtum herrschte, der Orden sei nur ein Ehrenorden des Hauses Habsburg. So dachten auch die Diplomaten fast aller Nachfolgestaaten, die in den zwanziger Jahren über die Aufteilung der altösterreichischen Vermögenswerte zu entscheiden hatten. Um der Gefahr die Spitze abzubrechen, erbat sich Hochmeister Erzherzog Eugen im Jahre 1923 vom Papst die Bewilligung, auf sein Amt verzichten zu dürfen. Papst Pius XI. gestattete die Abdankung des Erzherzogs erst, als ihm dieser erklärte, ein von einem Habsburger geleiteter Orden werde in den Nachfolgestaaten nicht geduldet werden.

So berief der in Basel im Exil lebende Erzherzog ein Großkapitel nach Wien ein zur Wahl eines Koadjutors. Mit seiner Stimme wurde der Ordenspriester Norbert Klein gewählt, damals Bischof von Brünn. Nach erfolgter Wahl erbrach man einen Brief Eugens an seinen Koadjutor, der seine offizielle Rücktrittserklärung enthielt:

Nach reiflicher Erwägung und aus erheblichen Ursachen begebe ich mich des Meistertumes und der Ordensadministration und leiste gemäß der von mir beschworenen Wahlkapitulation dem versammelten Großkapitel Verzicht auf das Amt und die Würden eines Hoch- und Deutschmeisters unseres Ordens und auf alle damit verbundenen Vorzüge, Rechte und Nutzungen, getreu meinem Leitsatze: „Magis prodesse quam praeesse!“
Meinem Gelübde getreu, verbleibe ich als Ordensbruder in Ihrer Mitte, von dem gleichen Wunsche beseelt, dem Orden auch weiterhin nach Kräften zu dienen.

Dieser Schritt brachte die entscheidende Wende, sowohl äußerlich als auch im inneren Gefüge des Ordens.

Nun setzte die auf die Rettung des Ordens bedachte osterreichische Diplomatie ein. Sie konnte den Irrtum, daß der Orden ein Ehrenorden und daß das Ordensgut Eigentum des Hauses Habsburg gewesen sei, berichtigen. Bis Ende 1927 anerkannten alle Nachfolgestaaten den Rechtsstandpunkt der österreichischen Delegation, der Deutsche Orden sei als geistlicher Orden zu betrachten, dessen Lehnsverhältnis zum Hause Habsburg nicht den Charakter eines wirklichen Lehens habe. Wegen seines karitativen Wirkens erfuhr der Orden hinfort staatlicherseits keine Angriffe mehr, ja er erfreute sich überall wohlwollender Förderung.

Nach der staatlichen Anerkennung des Ordens begannen aber Angriffe auf denselben beim Heiligen Stuhle. Sie waren derart, daß Papst Pius XI. seinen Vertrauensmann P. Hilarin Felder O. F. M. Cap. als bevollmächtigten Apostolischen Visitator mit dem Auftrag schickte, den Orden aufzuheben, wenn die Anklagen richtig seien. P. Hilarin Felder wurde, wie 700 Jahre vorher der Legat Wilhelm von Modena, ein Freund und mächtiger Förderer des Ordens. Er konnte schon nach wenigen Monaten dem Papst berichten, daß alle Anschuldigungen unrichtig seien. Darauf erhielt er den Befehl, die Ordensregel den neuen Verhältnissen und den Bestimmungen des Kirchenrechtsbuches anzupassen. P. Hilarin Felder bewältigte die Arbeit unter Mitwirkung mehrerer Ordenspriester in wenigen Monaten.

Bei dieser Neuredaktion der Regel diente die der Konventspriester von 1871 als Vorbild. Das bedeutete, daß in der Neufassung die Ordenspriester die eindeutige Führungsgruppe innerhalb des Ordens wurden, ein Ergebnis jener bereits erwähnten Ungleichgewichtigkeit unter den einzelnen Gruppen von Ordensangehörigen. Das aber hieß, daß das ritterliche Element in der Regel des Deutschen Ordens nicht mehr existierte, er hinfort also ein rein klerikaler Orden sein sollte.

Als die neue Regel zur päpstlichen Bestätigung eingereicht wurde, erfolgte ein letzter Angriff. Gestützt auf die gefälschte Papstbulle vom 12. Februar 1191, wurde versucht, den Nachweis zu erbringen, daß der Deutsche Orden ehemals ein Teil des Johanniterordens gewesen sei. Dieser gefährliche Angriff konnte abgewiesen werden. Daraufhin wurden die für die Regeln vorgeschriebenen Prüfungen beim Heiligen Stuhl sofort durchgeführt und die Regel selbst am 27. November 1929 feierlich bestätigt. In ihr wurde der Grundsatz verfolgt, die Brüder sollten hinfort mit den Waffen des Geistes für die christliche Sache kämpfen.

Der Apostolische Visitator setzte durch, daß die Deutschordens-Schwestern entgegen dem Kirchenrechts-Kodex zu einer mit dem Orden verbundenen und vom Hochmeister und Generalkapitel des Ordens geleiteten Kongregation erklärt wurden, zuerst probeweise, 1936 aber für immer. Im Jahre 1933 gewährte der Papst auch das Vorrecht, daß der Hochmeister des Ordens hinfort als geweihter Abt den Pileolus violaceus tragen dürfe, was außer den Bischöfen und Praelati nullius nur wenigen Generaläbten gestattet ist.

Das ritterliche Element des Ordens hatte bereits seit 1912 keinen Nachwuchs mehr erhalten. Es wurde in der Ballei Österreich titulariter wie zuvor zusammengezogen und sollte die Verwaltung und Nutznießung dieser Ballei bis zu seinem Aussterben haben. Nur in Österreich als dem dem Orden am liberalsten gegenüberstehenden Nachfolgestaat der Habsburgermonarchie war eine solche Lösung möglich. So kam es, daß es noch bis 1970 einen Angehörigen des seit 1929 in jener Form nicht mehr bestehenden Deutschen Ritterordens gab.

Schon im Jahre 1924 war zu Gumpoldskirchen der Konvent für die österreichische Provinz errichtet worden. Nach der Reform wurde dort das Zentralnoviziat des Ordens eingerichtet, um alle Provinzen in innige Verbindung miteinander zu bringen. Für Jugoslawien waren schon 1917 und 1918 der Konvent und das Mutterhaus zu Laibach und zu Ormož (Friedau) errichtet worden. Beide hatten sich bis 1930 hoffnungsvoll entwikkelt. In Südtirol errichteten die Brüder im Jahre 1932 ein Studentat, um ihrer Provinz Nachwuchs zu sichern. Aus diesem nur für 30 Zöglinge berechneten Institut ging in der Folgezeit fast der gesamte Nachwuchs der Provinz hervor.

Mitten im Neuaufbau, bei dem ihn auch die Familiaren unterstützten, traf am 6. September 1938 den Orden das Aufhebungsdekret des Stillhaltekommissars der inzwischen auch in Österreich herrschenden Nationalsozialisten: *Die Organisation Ballei Österreich des Deutschen Ritterordens* wurde aufgehoben und sein Besitz eingezogen. Der Deutsche Orden wurde das erste Opfer der Nationalsozialisten unter allen Orden, bereits ein halbes Jahr nach der Eingliederung Österreichs ins „Großdeutsche Reich". Im Februar 1939 erlitt die Provinz in der Tschechoslowakei dasselbe Schicksal. In Südtirol und in Jugoslawien, wo der Nationalsozialismus rechtlich gegen den Orden keine Handhabe hatte, wurden die Brüder diffamiert, in Jugoslawien sogar schwer verfolgt.

Dieses Vorgehen der Nationalsozialisten fällt mit dem Phänomen zusammen, daß gerade in jener Zeit die Ritter des einstigen Ordenslandes Preußen eine fast mythologische Glorifizierung erfuhren, die weder der historischen Forschung noch dem Orden selbst angenehm sein konnte. Jene Glorifizierung haftet auch heute noch dem Orden an, so daß er von manchem Kritiker der Gegenwart als Vorläufer der Nationalsozialisten gesehen wird. Bei der geschilderten Aufhebung des Ordens, dem Existenzverbot an die Priester und Schwestern sowie einer einmaligen Abfindungszahlung für die Ritter anstelle ihres zum Teil dem Staat gegenüber bestehenden Pensionsanspruches erscheint jene Kritik absurd. Die Erklärung liegt in einem Plan

Kloster St. Nikola in Passau
Altersheim St. Michael in Alexandersbad ▶

1974

der nationalsozialistischen Führungsspitze, einen nationalen Verdienstorden mit dem Namen „Deutscher Orden" zu schaffen, der bewußt in der politisch oft beliebten Verfälschung der historischen Tatsachen den Ordenszweig in Preußen als Vehikel benutzte; die kleineren Apologeten des „Dritten Reiches" haben diese Doppelbödigkeit der Gedanken nicht erkannt und finden auch heute noch ab und an Nachfolger. Bei jenem Plan aber ist verständlich, daß der noch existierende legitime Namensträger verschwinden mußte. Daher traf auch ihn als ersten aller Orden das Auflösungs- und Enteignungsdekret.

Mit dem Ende des Zweiten Weltkrieges war erneut ein Wendepunkt gegeben, im Gegensatz zu 1918 voller Hoffnungen. Doch die 1947 bestehende Hoffnung auf volle Wiederherstellung des Ordens wurde enttäuscht. In Jugoslawien und in der Tschechoslowakei wurden alle Orden aufgehoben. Dort kam es überdies zu einer Priesterverfolgung, die mehrere in den Tod oder in den Kerker brachte, andere zur Flucht zwang; in der Tschechoslowakei dagegen wurden alle deutschsprachigen Brüder und Schwestern ausgewiesen; Hochmeister Robert Schälzky und Provinzoberin Amata Grüner waren zwischenzeitlich eingekerkert. So verblieb nur die Aufgabe, für die Weiterentwicklung des Ordens in Österreich, Südtirol und in Deutschland zu sorgen.

Die österreichische Regierung annullierte das Aufhebungsdekret im Jahre 1947 und leitete die Rückstellung des entzogenen Vermögens sofort in die Wege. Zugleich galt es, Häuser, Kirchen und Güter nach den verheerenden Wirkungen des Krieges und des Raubbaues wiederherzustellen. Den Vorrang bei den Restaurierungen sollten die künstlerisch hochwertigen Kirchen zu Friesach und Wien haben. Diese wurden

◀ *Kommende Sachsenhausen in Frankfurt am Main*
Krankenhaus und Provinzialat in Friesach
Grundsteinlegung des Deutschordens-Wohnstifts Konrad Adenauer in Köln-Brück.

noch in einer Zeit restauriert, während der das Ordensgut unter staatlicher Verwaltung stand, der Orden demnach fast ohne Mittel dastand.

1946 übernahmen die Brüder die Wiener Pfarre Schottenfeld, und schon im Jahre 1954 wagte man den Bau eines Studentates im Deutschen Hause in Wien. Man ließ sich dabei von dem Gedanken leiten, daß in ihm ein kleiner Kreis von Studierenden wie in einem Familienverband heranwachsen solle. Als besonders gelungen – abgesehen von den Kirchen zu Wien, Graz, Friesach, deren Restaurierung allseits als mustergültig anerkannt ist – darf die Restaurierung des Deutschen Hauses zu Wien gelten, wo Platz für die hochmeisterische Residenz, für das Studentat, für ein Museum, für das Zentralarchiv des Deutschen Ordens sowie für eine größere Zahl von Brüdern zu schaffen war.

Die Schwestern in Österreich konzentrierten sich auf die Krankenpflege. Das Spital Friesach wurde Ende der fünfziger Jahre modernisiert und auf Initiative des Landkomturs und Priors Graf Belrupt um eine Unfallstation erweitert. Es wird als öffentliches Krankenhaus mit über 300 Betten geführt: moderne medizinische Erkenntnisse und Technik zum Wohl des erkrankten Menschen. 1966 erwarben sie das Heilbad Einöd an der steirischen Grenze.

Die Ordensbrüder in Südtirol, die wie die österreichischen Kriegsschäden zu beseitigen hatten, begannen nach Kriegsende sofort mit dem Wiederaufbau des zerstörten Studentates. Dann wurden ertragsfähige Gründe durch moderne Bewässerungsanlagen und Entsumpfungen verbessert und die Provinz dadurch in den Stand gesetzt, ihren Geldbedarf aus dem kleinen Grundbesitz zu decken. Von den 790 ha Gesamtbesitz der Provinz im Jahre 1956 sind 18 ha Obstwiesen und 17 ha Weingärten ertragreich, 70 ha Hochwald tragen schon wenig, 600 ha sind bedeutungslos (447 ha Hochalm, 153 ha Buschwald und Hochwald an der Baumgrenze und völlig verkehrsfern), das übrige ist, abgesehen von kleinen Höfen, Bauareal, Sumpf, Weide, also unproduktiv. 1955 konnte sogar das Haus in Rom restauriert werden, das 1943 für die Bedürfnisse des Gesamtordens angekauft worden war, wo seit 1957 der Generalprokurator des Ordens an der Kurie seinen Sitz hat und ein Pilgerheim unterhalten wird, das große Beliebtheit gewann. Man wagte sogar den Bau eines größeren Schülerheimes in Bozen, um an der Heranbildung des akademischen Nachwuchses für Südtirol wirksam mitzuarbeiten; 1957 konnte es eröffnet werden.

Die Schwestern erhielten nach Beendigung der faschistischen Ära wieder Zutritt zu den Schulen, Kindergärten und Altenheimen. Nachdem die Lücken in den eigenen Reihen geschlossen werden konnten, kamen neue Aufgaben zu den vorherigen: 1956 das Spital in Riffian bei Meran, 1959 das Altersheim Völlan, und selbstverständlich die Wirtschaftsführung in den neuen Häusern der Brüderprovinz, dem Schülerheim in Bozen und der Procura in Rom. 1969 konnte das Mutterhaus Lanegg durch einen neuen Wohntrakt für die Schwestern noch wohnlicher gestaltet werden, 1970 eröffneten die Schwestern je ein Altersheim in Eppan und in Kardaun bei Bozen.

In Deutschland konnte der Orden im Jahre 1945 nach fast 140jähriger Unterbrechung sein Wirken wieder aufnehmen. Der Anfang war freilich alles eher als ermutigend, denn er mußte mit 16 Brüdern und 156 Schwestern gemacht werden, die als Heimatvertriebene bettelarm in eine schwer heimgesuchte neue Heimat kamen. Dank der Fürsorge der Bischöfe hatten alle bald ihr Unterkommen und Arbeitsfelder, die Brüder als Flüchtlingsseelsorger, die Schwestern in den vielen für die Heimatvertriebenen eingerichteten Schulen, Heimen und Spitälern. Der bei den Brüdern und Schwestern bereits traditionelle Geist größter Opferbereitschaft verschaffte besonders den Schwestern viele und tatkräftige Helfer und das Vertrauen der Einheimischen. Nur so ist es erklärbar, daß die Schwesternzahl in einer Zeit schwerster Nachwuchskrisen und reichster Todesernte von 156 auf 210 anstieg, daß bald 30 Filialen bestanden von den Alpen bis zum deutschen Mittelgebirge, vom

Rhein bis zum Inn, und daß sich die Schwestern ab 1953 in Passau (Nikolakloster) ein geräumiges Mutterhaus schaffen und in Tann bei Pfarrkirchen eine Haushaltsschule, in Tittling im Bayerischen Wald und in Alexandersbad in Oberfranken je ein Altersheim bauen konnten. Auch in den letzten Jahren ging der Ausbau voran: 1957 übernahmen sie Krankendienst im großen Spital zu Burghausen am Inn, 1958 die Leitung des Kindergartens in Frankfurt-Sachsenhausen, 1960 errichteten sie in Passau die Fachschule für Sozialpädagogik, 1965 ein Säuglings- und Kinderheim in Windisch-Eschenbach und seit 1966 betreuen sie ein Altenheim in Zwiesel im Bayerischen Wald.

Die Lage der Brüder war schwieriger. Das hauptsächlich deswegen, weil weiteste Kreise den Orden für erloschen hielten. Der raschen Beseitigung dieses Irrtums stand die kleine Zahl der Brüder und ihre durch die Flüchtlingsseelsorge bedingte Zerstreuung entgegen. Dieser Punkt konnte zudem bald zur Entfremdung vom Orden führen. Um dem zu begegnen, wagten die Brüder schon im Jahre 1949, an den Bau eines Heimes, eines neuen Konventes in Darmstadt zu schreiten, obwohl ihnen anfangs nur ihre Dienstentlohnungen zur Verfügung standen. Neben Darmstadt ergab sich 1963 durch die Übernahme der Pfarre Deutschorden in Frankfurt-Sachsenhausen, der alten Ordenskommende, ein zweites Zentrum. 1964 konnten die Brüder es sogar wagen, eine „Missionsstation", eine Diaspora-Pfarre in Lidköping in Schweden zu übernehmen, als bescheidenen Beitrag im Rahmen der Ordenskräfte zum Auftrag des Zweiten Vatikanischen Konzils.

Die Frage, was weiter geschehen solle, bildete neben den vorgeschriebenen Wahlen den Hauptgegenstand des Generalkapitels vom Jahre 1948. Das im Jahre 1942 fällige Generalkapitel hatte nicht abgehalten werden können. Deshalb mußten die alle sechs Jahre zu wählenden Generalbeamteten des Ordens durch Dekret des Heiligen Stuhles bestimmt werden. Alle Kapitulare waren sich einig, daß dem Orden ein höheres Ziel, und zwar missionarischen Charakters, im eigenen

Volke gegeben werden müsse, freilich unter Beibehaltung der altehrwürdigen Seelsorgsstationen und Anstalten, soweit solche noch bestanden. Alle waren aber auch überzeugt, daß man vorerst den Orden der Öffentlichkeit bekanntmachen und Fehlurteile über ihn beseitigen müsse. Das sollte durch Herausgabe einer Geschichte des Ordens erreicht werden. Diesem Wunsch kam der neugewählte Hochmeister Marian Tumler, der lange Jahre das Archiv des Ordens betreut hatte, in einer kurzen Geschichte des Ordens sofort nach. Seine bereits 1938 abgeschlossene große Darstellung der Geschichte des Deutschen Ordens bis 1400 konnte nicht erscheinen, weil der fertige Bleisatz eingeschmolzen worden war. Doch mit dem erneuten Bekanntwerden wuchs auch das Interesse am Orden, so daß er Helfer fand, die jene Aufgabe übernahmen und 1955 dem umfangreichen Werk zur Veröffentlichung verhalfen.

Damit war gleichzeitig an das mittelalterliche Familiareninstitut des Ordens angeknüpft worden. Wenn auch 1929 bei der Regelumformung die Einrichtung der Ehrenritter von 1866 und der Marianer von 1871 erlosch, so gelang doch der Rückgriff auf jene mittelalterliche Tradition, so daß seit 1935 Ehrenritter und Familiaren aufgenommen werden konnten. Den allerdings sehr langsamen Neuanfang unterbrach jäh das Eingreifen des Nationalsozialismus; erst mit den fünfziger Jahren begann daher der eigentliche Ausbau der Institute der Ehrenritter und Familiaren. 1965 gelang es, diese Institute als ein gemeinsames Familiareninstitut durch die Bestätigung des Heiligen Stuhls päpstlichen Rechts werden zu lassen, was eine wesentlich engere Verbindung mit den Brüdern und Schwestern bedeutet. Die Familiaren traten nach besten Kräften als Helfer in Erscheinung. So gelang ihnen beispielsweise als sichtbares Zeichen der Wiederaufbau der barocken, im letzten Krieg schwer zerstörten Kommende Frankfurt-Sachsenhausen. Doch unterstützten sie nicht nur die Bautätigkeit des Ordens, sondern manchen seelsorglichen und karitativen Einsatz.

Hatte bereits 1948 der Hochmeister in einer kleinen Darstellung versucht, den Orden in seiner Vergangenheit bis zur gegenwärtigen Existenz wieder bekanntzumachen, folgte dann 1955 sein großes Werk „Der Deutsche Orden im Werden, Wachsen und Wirken bis 1400", so wagte der Orden sich ein Jahrzehnt später an eine bedeutungsvolle Aufgabe. Sein Zentralarchiv in Wien bot ungeheure Schätze an zum Teil völlig unbekannten Quellen zur Ordensgeschichte vom 12. bis zum 20. Jahrhundert. Die Propagierung dieses Archivs in der Forschung zog immer mehr auch junge Forscher an, und 1966 wurde unter der Patronanz des Ordens die Herausgabe der wissenschaftlichen Buchreihe „Quellen und Studien zur Geschichte des Deutschen Ordens" begonnen, die inzwischen auf fast 50 Bände angewachsen ist. Seit 1985 findet die Forschung ihr Zentrum in der Internationalen Historischen Kommission zur Erforschung des Deutschen Ordens, die mit den großen Ausstellungen in Nürnberg (1990), Mainau (1991) und Alden Biesen (1992) weit beachtete Ergebnisse vorlegte.

Der mit viel Mut und Idealismus begonnene Wiederaufbau des Ordens konnte ein Vierteljahrhundert nach Kriegsende als abgeschlossen, ja sogar auch mit neuen, für die Zukunft richtungweisenden Impulsen versehen betrachtet werden. Das Zweite Vatikanische Konzil erteilte den Auftrag auch für eine innere Neubesinnung; es galt, ein weiteres Mal die Regel des Ordens neu zu durchdenken. 1969 konnte ein außerordentliches Generalkapitel die neue Fassung der Brüder- und Schwesternregel beraten und beschließen; sie trat am 1. Januar 1970 für eine sechsjährige Probezeit in Kraft. 1977 hat die Religiosenkongregation jene Regelneufassung dann approbiert. Sie wurde vom Generalkapitel 1988 dem neuen kirchlichen Gesetzbuch angepaßt.

Im Oktober 1970 konnte im Zuge des Ausbaus des Familiareninstituts eine „Komturei Rom" errichtet werden, im April 1983 eine „Komturei Altenbiesen" in Belgien. Besonders wichtig war die politische Entwicklung im Osten: Die Schwestern erhielten ihr Mutterhaus in Troppau zurück, in Topolcány wurde 1991 ein neues Zentrum in der Slowakei geschaffen – ein Neuaufbruch nicht nur für die Schwestern.

VII. Der Deutsche Orden heute

Unter Leitung des Hochmeisters P. Dr. Arnold Wieland, der 1988 gewählt wurde, steht der Orden vor neuen Herausforderungen. Das Ordensjubiläum bot die Möglichkeit zum kritischen Blick in die Vergangenheit, besonders in der Nürnberger Ausstellung, aber auch zum Blick nach vorne, wie die ausgezeichnete Restaurierung der Landkommende Bozen mit der Aufgabenstellung als spirituelles, soziales und kulturelles Zentrum zeigt. Gleichzeitig eröffnete die politische Wende in Ost- und Ostmitteleuropa ein breites Spektrum vor allem sozialer Wirkungsmöglichkeit in historischen und neuen Gebieten für den Orden, wie beispielsweise in der Tschechoslowakei. Trotz Nachwuchssorgen herrscht fast eine Aufbruchstimmung, die sich sowohl in dem Neuanfang der nun legalisierten Schwestern in der Tschechoslowakei, aber auch in den Hilfsmaßnahmen in Slowenien zeigen. Die Privataudienz bei Papst Johannes Paul II. 1991 wies deutlich in jene Richtung.

Im folgenden sei der Stand und das Wirken des Ordens heute gezeigt, in der möglichen Form trocken, doch in der Auswirkung des täglichen Lebens ungemein abwechslungsreich auf jedem einzelnen Platz, auf den die Ordensmitglieder gestellt sind. Der Orden führt den offiziellen Titel *Fratres domus hospitalis Sanctae Mariae Teutonicorum in Jerusalem, Brüder vom Deutschen Haus St. Mariens in Jerusalem,* in der Kurzform *Deutscher Orden.* Er ist ein klerikaler Orden. Kleriker bzw. Priester bilden demnach seinen Grundstock. Diesem männlichen Zweig ist die Kongregation der Deutschordensschwestern, *Schwestern vom Deutschen Haus St. Mariens in Jerusalem,* in der Kurzform *Deutschordensschwestern,* derart verbunden, daß die höchsten Oberen der Brüder zugleich ihre Oberen sind. Affiliiert ist das Familiareninstitut, das im allgemeinen aus Laien besteht. Man kann vergröbert also von drei Zweigen des Ordens sprechen: Brüder, Schwestern, Familiaren.

Die Brüder gliedern sich in Priester- bzw. Klerikerbrüder und Laienbrüder. Die Klerikerbrüder legen ewige feierliche Gelübde ab, die Laienbrüder ewige einfache. Den ewigen Gelübden gehen ein zeitlich nicht festgelegtes Postulat, ein Noviziatsjahr und bei den Klerikern drei, bei den Laienbrüdern sechs Jahre zeitlicher Gelübde voran. Die Brüder tragen das Ordenskleid und als eigentliches Ordensabzeichen das Kreuz des Ordens: ewige Professen in fast quadratischer Form auf der linken Brustseite, zeitliche Klerikerprofessen und Laienbrüder an einer schwarzen Schnur um den Hals; es können jedoch alle Profeßbrüder das Halskreuz und alle ewigen Professen den weißen Ordensmantel tragen. Als Kleriker-Novizen können nur solche aufgenommen werden, die Hochschulreife besitzen. Für Laienbrüder bestehen keine besonderen Erfordernisse. Alle Bewerber müssen sich an den Provinzoberen jener Provinz wenden, in die sie eintreten wollen. Sie haben Tauf- und Firmschein, ein ärztliches und ein pfarramtliches Zeugnis sowie ihre Schul- und eventuellen Studienzeugnisse vorzulegen. Die Brüder kennen auch das Statut der Oblaten. Dies sind Laien und Kleriker, die sich dem unentgeltlichen Dienst am Orden und dem gemeinsamen Leben widmen, ohne jedoch durch die Ablegung der Ordensgelübde gebunden zu sein.

Die Schwestern legen ewige einfache Gelübde ab. Diesen gehen ein halbjähriges Postulat und ein Noviziatsjahr sowie fünf Jahre zeitlicher Profeß voraus. Die Schwestern tragen das Ordenskleid und als eigentliches Ordensabzeichen das Kreuz des Ordens an einer schwarzen Schnur um den Hals. Für die Aufnahme bestehen außer gesundheitlicher und geistiger Eignung keine Voraussetzungen. Alle Bewerberinnen müssen sich an die Provinzoberin jener Provinz wenden, in die sie eintreten wollen. Sie haben Tauf- und Firmschein, ein ärztliches und ein pfarramtliches Zeugnis sowie ihre Schul- und eventuellen Studienzeugnisse vorzulegen.

Generalprokuratur in Rom

Die Familiaren sind Priester und Laien, die *im Leben Anteil an den Gebeten und guten Werken, die von den Brüdern und Schwestern des Ordens verrichtet werden, und nach dem Tod fromme Fürbitten erlangen.* Sie erhalten den schwarzen Mantel mit aufgelegtem Ordensschild und das Halskreuz des Ordens. *Hochgestellte Wohltäter können dem Orden als Ehrenritter* mit weißem Mantel und Halskreuz angegliedert werden. Voraussetzungen zur Aufnahme *sind das römisch-katholische Glaubensbekenntnis, die treue Erfüllung der religiösen Pflichten, ein guter Ruf und einwandfreier Lebenswandel. Der Aufzunehmende soll durch seine Stellung im öffentlichen Leben, durch seine Leistungen und Fähigkeiten und durch seine ehrliche Bereitschaft zur Mitarbeit die Gewähr bieten, daß er die Aufgaben des Ordens, insbesondere seine Aufgaben karitativer Art, wirksam fördern kann.* Zuständig für die Aufnahme ist das Amt des Hochmeisters. In der Ballei Deutschland sind Vorschläge zur Familiarenaufnahme an den Vorstand des Deutschherrenbundes zu richten, der sie an das Amt des Hochmeisters leitet.

Für diese drei Gruppen unterschiedlicher Ordensangehöriger gibt es eine gemeinsame Leitung. Oberste Instanz ist das alle sechs Jahre tagende Generalkapitel. Ihm obliegt die Wahl des Hochmeisters. Es ist oberstes Aufsichtsorgan über die Tätigkeit der einzelnen Ordenszweige und Ordensprovinzen. Generalkapitulare sind der Hochmeister, der letzte Althochmeister, die Generalräte, Generalprokurator, Generalsekretär und Generalökonom, die Prioren, je ein gewählter Delegierter jeder Brüderprovinz, außerdem die vom Generalkapitel gewählte Generalassistentin, die Provinzoberinnen und je zwei von den betreffenden Provinzkapiteln gewählte Schwestern. Als Kapitulare der Familiaren haben in Familiarenangelegenheiten die gewählten Vertreter der Familiarenballeien und der römischen Komturei Stimmrecht.

Die Provinzkapitel der Brüder wählen die einzelnen Generalräte und Delegierten. Hochmeister und Generalräte wer-

Ordenstag der Brüder, Schwestern und Familiaren 1972 in Lana

den auf sechs Jahre gewählt, Delegierte zum jeweiligen Generalkapitel. Generalprokurator, -sekretär und -ökonom werden vom Hochmeister mit Zustimmung seines Rates auf sechs Jahre ernannt.

Die Provinzen der Brüder werden vom Prior geleitet, dem zwei vom Provinzkapitel gewählte Räte und ein vom Provinzrat ernannter Provinzökonom zur Seite stehen. Ihre Amtszeit dauert drei Jahre. Im Provinzkapitel sind alle Brüder mit ewiger Profeß stimmberechtigt.

Die Provinzen der Schwestern werden von den Provinzoberinnen geleitet, denen zwei oder vier gewählte Rätinnen und eine ernannte Provinzökonomin zur Seite stehen. Ihre Amtszeit dauert drei Jahre. Wahl- und Provinzkapitel besteht aus der Provinzleitung und den Delegierten der Schwesternprovinz.

Dem einzelnen Haus der Brüder steht der Superior vor, der vom Prior und seinem Rat auf drei Jahre ernannt wird. Dem einzelnen Haus der Schwestern steht eine ähnlich ernannte Hausoberin vor.

Die Familiaren unterstehen ebenfalls der obersten Ordensleitung in Generalkapitel, Hochmeister und Generalrat. Daneben haben sie eigene, an das Beispiel der Ordensprovinzen angelehnte Organisationsformen in Balleien und Komtureien. Die Altmarianer des Ordens sind dem Familiareninstitut angenähert worden. Auf vielfältigen Wunsch der vor 1918 aufgenommenen Marianer hat der Orden verfügt, daß sie durch hochmeisterisches Dekret als dem Orden zugehörig erklärt werden können, wenn sie den Bedingungen des reformierten Familiareninstituts entsprechen und entsprechend ihrer Vermögenslage Beiträge für die Werke des Ordens leisten wollen. Sie tragen das ihnen seinerzeit verliehene Kreuz an schwarzweißem Bande, ähnlich dem Bande der Marianer, am Halse.

Die Einzelgliederung des Ordens ist zur Zeit (Juni 1992) folgende. Die Brüder verteilen sich auf fünf Provinzen: Italien mit 25 Priestern, 2 Klerikern, 1 Kandidaten und 9 Laienbrüdern; Deutschland mit 8 Priestern, 4 Klerikern, 1 Oblaten, 2 Novizen, 2 Kandidaten und 1 Laienbruder; Österreich mit 6 Priestern, 2 Klerikern und 1 Laienbruder; Slowenien mit 6 Priestern; Tschechoslowakei mit 3 Kandidaten; insgesamt sind das 72 Ordensbrüder. Die Schwestern verteilen sich ebenfalls auf fünf Provinzen: Deutschland mit 128, Italien mit 87, Österreich mit 41, Slowenien mit 29 und Tschechoslowakei mit 23 Schwestern; insgesamt sind das 308 Angehörige der Schwesterngemeinde.

Die Familiaren gliedern sich in drei Balleien – Deutschland, Österreich und An der Etsch und im Gebirge (Südtirol) – und zwei Komtureien – Rom und Altenbiesen. In Deutschland gibt es acht Komtureien: An der Donau mit 78, Franken mit 25, am Oberrhein mit 18, An Tauber, Neckar und Bodensee mit 29, An Rhein und Main mit 50, An Rhein und Ruhr mit 98, An Weser und Ems mit 31 sowie an Elbe und Ostsee mit 20 Mitgliedern. In Österreich gibt es in der Stammkomturei 70 und in der Komturei Am Inn und Hohen Rhein 14 Mitglieder. In Südtirol gibt es 51, in der Komturei Rom 32, in der Komturei Altenbiesen 30, in anderen Ländern 21 Familiaren, außerdem 7 Ehrenritter. Insgesamt sind dies 574 Familiaren. Die gesamte Ordensfamilie zählt somit 954 Angehörige. Die Familiaren in Deutschland haben aus rechtlich-wirtschaftlichen Gründen den Deutschherrenbund der Freunde und Förderer des Deutschen Ordens als eingetragenen Verein gegründet; Familiaren in Deutschland werden bei ihrer Aufnahme zugleich Mitglied dieses Vereins. Freunde des Ordens, die nicht Familiaren werden können, können jedoch Mitglied des Vereins sein.

Die Niederlassungen des Ordens sind weit über die genannten Provinzen verstreut. Die Brüder in Italien haben ihren Konvent in Lana bei Meran; sie verwalten Pfarren, Kaplaneien und Kuratien in Südtirol in Niederlana, Pawigl, Gargazon, Völlan, St. Leonhard in Passeier, Siebeneich, Sarnthein, Lengmoos, Gismann, Unterinn, Oberinn und Wangen, außerdem

Juvenat, Noviziat und Schülerheim in Bozen, die Generalprokuratur in Rom sowie die Hochschulseelsorge für Südtiroler mit Sitz in Bozen. Die Brüder in Deutschland haben ihr Zentrum in Frankfurt/Main; sie verwalten Pfarreien und Kuratien in Frankfurt/Main-Sachsenhausen und Wetter bei Marburg. Die Brüder in Österreich verwalten Pfarren in Gumpoldskirchen, Palterndorf, Spannberg und Wien-Schottenfeld. Hinzu kommt die geistliche Versorgung des Ordenskrankenhauses in Friesach sowie die Betreuung des Deutschordens-Zentralarchivs und der Schatzkammer in Wien. Das Deutsche Haus in Wien mit der St. Elisabeth-Kirche ist Sitz des Hochmeisters und damit die Zentrale des Gesamtordens. Auch in Slowenien wirken die Brüder vornehmlich im Pfarrdienst in Ljubljana, Ormoz und Velika Nedelja (Laibach, Friedau und Großsonntag).

Die Schwestern versehen in fast allen Provinzen einen verständlicherweise vielfältigeren Wirkungsbereich. In Deutschland haben sie ihr Provinzhaus in Passau; dort führen sie auch ein Altenheim, einen Kindergarten und eine Fachakademie für Sozialpädagogik. Im Bayerischen Wald in Tittling führen sie ein Altenheim, in Rinchnach sind Schwestern in der Volksschule tätig; in Tann in Niederbayern führen sie einen Grundausbildungslehrgang für Hauswirtschaft und einen Kindergarten. In der früheren Ordenskommende Blumenthal bei Aichach betreuen sie ein Altenheim; in Sondernohe nahe der einstigen Kommende Virnsberg sind sie in Seelsorge und Religionsunterricht tätig. In Windisch-Eschenbach in der Oberpfalz sind sie Träger eines Säuglings- und Kinder-Familienheimes, in Bad Alexandersbad in Oberfranken führen sie ein Altenheim. Zu den bedeutenderen Niederlassungen zählt das Caritas-Krankenhaus in Bad Mergentheim mit den verschiedensten Ausbildungsmöglichkeiten. Trotz aller Nachwuchsschwierigkeiten zogen 1976 10 Schwestern aus der deutschen und Südtiroler Provinz in das Seniorenzentrum in Köln ein, wo das Deutschordens-Wohnstift Konrad Adenauer unter der Trägerschaft einiger Familiaren steht.

In Italien haben die Schwestern ihr Provinzhaus im Kloster Lanegg in Lana; dort führen sie das neue Langzeitkrankenhaus „St. Anna“; außerdem besorgen sie die Hauswirtschaft im Konvent der Brüder und der Kapuziner. Altenheime betreuen sie in Völlan, St. Pankraz im Ultental, Eppan, Kardaun, St. Leonhard in Passeier und Lengmoos sowie das Spital in Sarnthein. Außerdem führen sie die Hauswirtschaft im Juvenat und im Schülerheim in Bozen und in der Procura mit Pilgerheim in Rom. Einzelne Schwestern sind im Schuldienst und in St. Leonhard im Passeier, Lana, Lengmoos, Bozen und St. Pankraz im Ultental in der Seelsorgshilfe tätig.

In Österreich haben die Schwestern ihr Mutterhaus in Friesach, wo sie das Spital und eine Landwirtschaft betreuen; in Bad Einöd führen sie ein modern eingerichtetes Thermal-Mineral-Heilbad mit Kuranstalt. Sie versehen auch die Hauswirtschaft im Deutschen Haus in Wien, dem Sitz des Hochmeisters.

In Slowenien haben die Schwestern ein Provinzhaus in Ljutomer (Luttenberg) und eine Niederlassung mit Kinderbetreuung in Ptuj (Pettau). Es fehlten ihnen die gemeinsamen Ordensarbeitsstätten wie in anderen Provinzen, doch konnten sie dem karitativen Wirken in Krankenhäusern, Altersheimen, in der Privatkrankenpflege und im Pfarrhaushalt sowie als Katechetinnen nachgehen. Die politische Entwicklung, aber auch die soziale Not eröffnet in Zukunft ein breites Arbeitsfeld.

Die Familiaren führen natürlich kein gemeinsames Leben. Trotzdem haben sich einige Zentren herausgebildet: für Deutschland die alte Ordenskommende Frankfurt-Sachsenhausen, für Österreich das Deutsche Haus Wien, in Südtirol der Brüderkonvent Lana, in Rom die Procura in der Via Nomentana, für die belgische Komturei die ehemalige Landkommende Altenbiesen.

In Köln-Brück wurde am 31. Januar 1976 das als Gemeinschaftsaufgabe der dortigen Familiaren betrachtete Deutschordens-Wohnstift Konrad Adenauer als Seniorenzentrum mit Altenheim und Pflegeheim eingeweiht, das von Schwestern der deutschen und italienischen Provinz gemeinsam geführt wird. Ähnliche Häuser befinden sich in Regensburg, Nürnberg, Raisdorf bei Kiel und Siegsdorf.

Die Aufgabenstellung der Ordensgemeinschaft wird bereits aus den Niederlassungen deutlich, die von ihr geführt werden. Doch die Regel der Brüder sagt es außerdem: der Orden steht *auch heute im Dienst an den Teilkirchen und an der weltweiten Ausbreitung des Reiches Christi. Er entfaltet seine karitative Tätigkeit in der Pflege der Kranken und Armen, in neuen Formen der sozialen Fürsorge, in Werken der religiösen Erziehung der Kinder, der Jugend und der Erwachsenenbildung. Dieses Ziel streben Brüder, Schwestern und Familiaren in enger Zusammenarbeit an.* Die Priesterbrüder haben daher die Pflicht der ordentlichen Seelsorge in den Pfarreien, jedoch vor allem auch gegenüber den Schwestern, ebenfalls außerordentliche Aufgaben innerhalb ihrer Zeit.

Auch die Regel der Schwestern faßt diese Aufgaben. Es *ist der Dienst am Mitmenschen, am Kranken, Alten, Armen, Notleidenden und Hilfesuchenden, an den Kindern und an der Jugend; die seelsorgliche Mithilfe in der Pfarrei und die Offenheit und Bereitschaft für die Mission.* Hinzu kommen ebenfalls außerordentliche Aufgaben innerhalb ihrer Zeit.

Die Familiaren haben die Aufgabe, die religiösen und karitativen Werke des Ordens zu fördern und solche nach Kräften selber zu üben, wie es ihr Statut sagt. Sie *haben die großen Traditionen des Ordens zu pflegen und sind seinen Aufgaben verpflichtet: dem Bekenntnis und der Verbreitung des Glaubens und einer christlichen Gesinnung im privaten und öffentlichen Leben, der Treue zur römischen Kirche und der Betätigung christlicher Nächstenliebe.*

Insgesamt ergibt sich daraus die Aufgabenstellung aller drei Ordenszweige: Seelsorge, Karitas und Wissenschaft, hier in erster Linie die eigene Tradition. Das sind Anliegen, die nicht erst die Regelneufassungen von 1969 und das Familiarenstatut von 1965 vorsehen, sondern die den Orden bereits seit seiner ersten eigenen Regel aus der Mitte des 13. Jahrhunderts, eigentlich auf den Ritterorden zugeschnitten, begleiten. Dort heißt es bereits im Prolog: „Sie sind in überfließender Liebe Empfänger der Gäste, der Pilger und der armen Leute. Sie dienen auch mit Herzensgüte und brennendem Geist den Kranken im Spital. Es gehören auch Priester zu ihnen, die eine würdige und nützliche Stelle einnehmen, . . . die Gottesdienst halten und ihnen die Sakramente spenden." Und schließlich bietet bereits das erste Kapitel des Regelprologs eine Geschichte der Gründung des Ordens zu jenem Tun.

VIII. Anschriften

1. Amt des Hochmeisters:
   A 1010 Wien, Singerstr. 7

2. Priorate der Brüder:
   I 39011 Lana, Deutschordenskonvent, Erzherzog Eugen-Straße 1
   D 6000 Frankfurt/M.-Sachsenhausen, Deutschordenskonvent, Brückenstr. 3–7
   A 1010 Wien, Deutsches Haus, Singerstr. 7
   Križniški red v Jugoslaviji,
   YU 61000 Ljubljana, Šišenska cesta 30, Redovna hiša

3. Provinzialate der Schwestern:
   D 8390 Passau, St. Nikolakloster, Kl. Exerzierplatz 15
   I 39011 Lana, Kloster Lanegg
   A 9360 Friesach, Deutschordens-Krankenhaus, St. Veiter Straße 12
   Milosrdné sestry Panny Marie Jeruzalemské,
   ČSFR Chrastava, Skolni 124
   ČSFR Topolcány, Velké Ripnany 170
   Križniški red v Jugoslaviji,
   YU 69240 Ljutomer, trg Jakoba Babica 3

Feierliche Priesterprofeß
Ewige Schwesternprofeß ▶
Familiaren-Investitur ▶
Die Ordensfamilie vor der Pfarrkirche Lana
anläßlich des 70jährigen Priesterjubiläums
von Althochmeister P. Dr. Marian Tumler am 29. Juni 1980 ▶

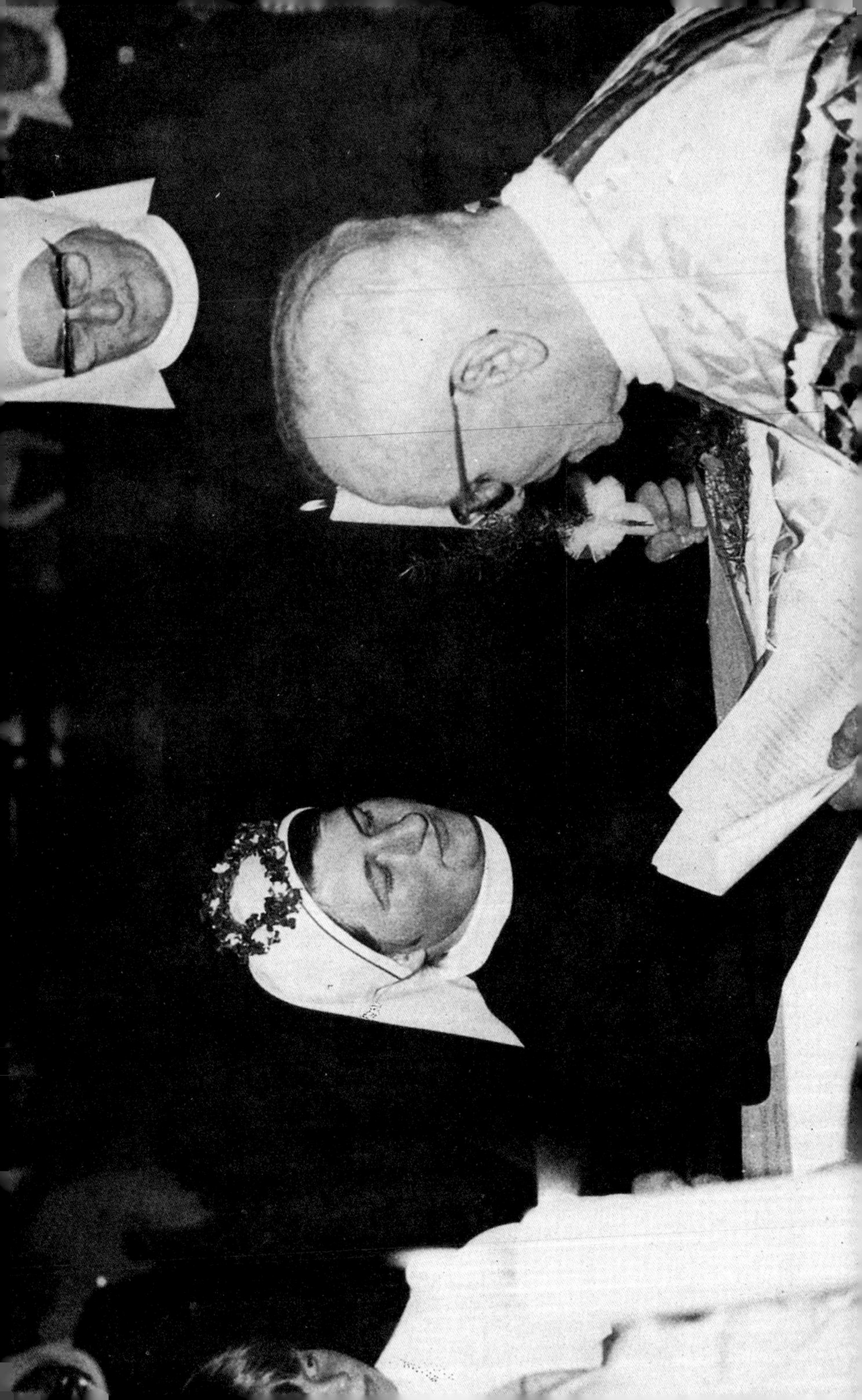

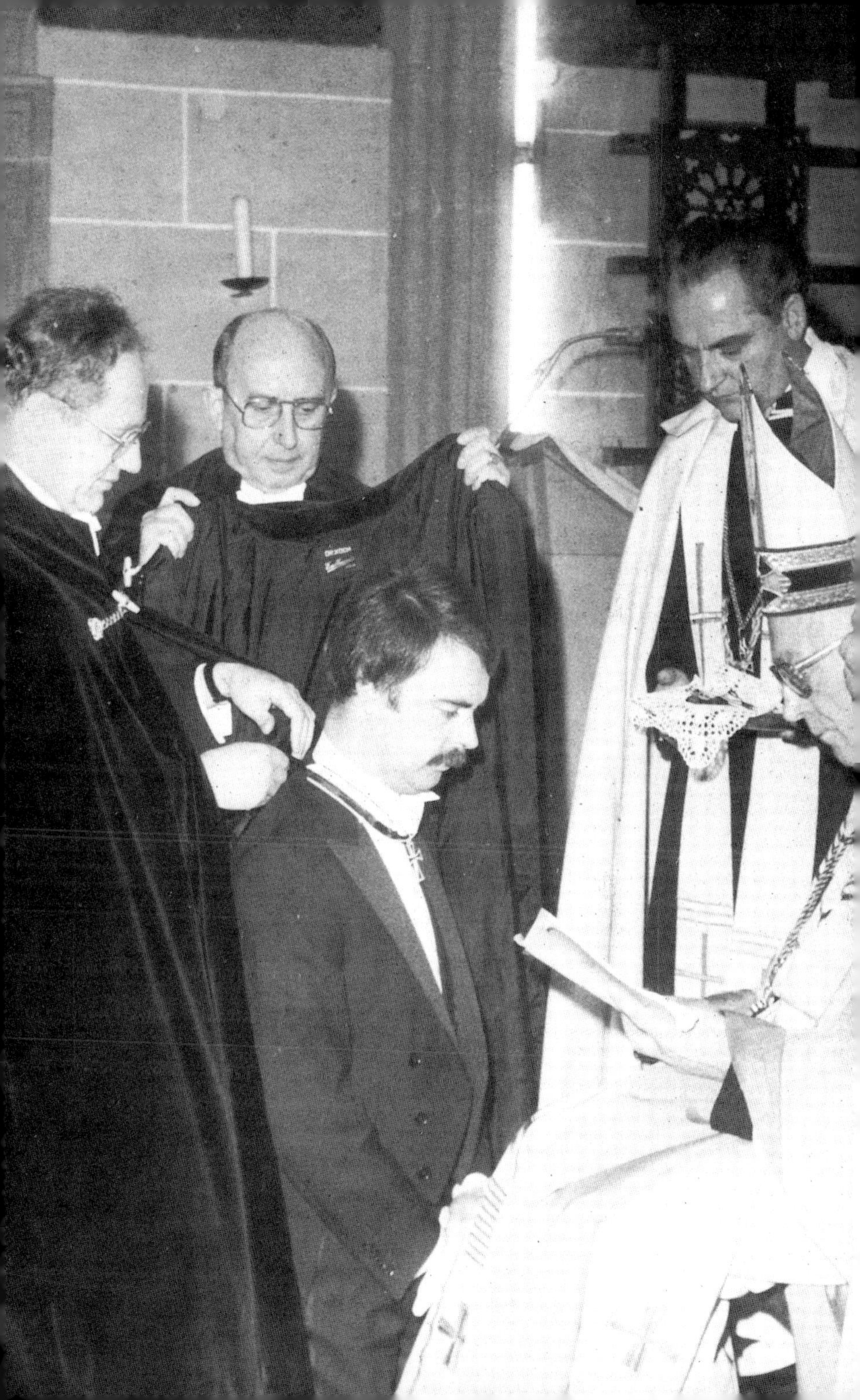

KREUZ + JST HI

IX. Die Hochmeister des Deutschen Ordens

1. Hospitalbruderschaft

Residenz Akkon (– ca. 1230?):

Sibrand	1190
Gerard	1192
Heinrich, *prior*	1193/1194
Ulrich	1195
Heinrich, *praeceptor* (wahrscheinlich identisch mit Heinrich Walpot)	1196

2. Ritterorden

Heinrich Walpot	1198–1200
Otto von Kerpen	1200–1208
Heinrich von Tunna gen. Bart	1208–1209
Hermann von Salza	1209–1239

Residenz Montfort (ca. 1230?–1271):

Konrad von Thüringen	1239–1240
Gerhard von Malberg	1240–1244
Heinrich von Hohenlohe	1244–1249
Gunther von Wüllersleben	1249–1252
Poppo von Osterna	1252–1256
Anno von Sangershausen	1256–1273

Residenz Akkon (1271–1291):

Hartmann von Heldrungen	1273–1282
Burchard von Schwanden	1282–1290

Residenz Venedig (1291–1309):

Konrad von Feuchtwangen	1291–1296
Gottfried von Hohenlohe	1297–1303
Siegfried von Feuchtwangen	1303–1311

Residenz Marienburg (1309–1457):

Karl von Trier	1311–1324
Werner von Orseln	1324–1330
Luther von Braunschweig	1331–1335
Dietrich von Altenburg	1335–1341
Ludolf König	1342–1345
Heinrich Dusemer	1345–1351
Winrich von Kniprode	1352–1382
Konrad Zöllner von Rotenstein	1382–1390
Konrad von Wallenrode	1391–1393
Konrad von Jungingen	1393–1407
Ulrich von Jungingen	1407–1410
Heinrich von Plauen	1410–1413
Michael Küchmeister	1414–1422
Paul von Rusdorf	1422–1441
Konrad von Ellrichshausen	1441–1449

Residenz Königsberg (1457–1525):

Ludwig von Ellrichshausen	1450–1467
Heinrich Reuß von Plauen	1469–1470
Heinrich Reffle von Richtenberg	1470–1477
Martin Truchseß von Wetzhausen	1477–1489
Johann von Tiefen	1489–1497
Friedrich von Sachsen	1498–1510
Albrecht von Brandenburg-Ansbach	1511–1525

Residenz Mergentheim (1525–1809):

Walter von Cronberg	1527–1543
Wolfgang Schutzbar gen. Milchling	1543–1566
Georg Hund von Wenckheim	1566–1572
Heinrich von Bobenhausen	1572–1590/95
Maximilian von Österreich	1590/95–1618
Karl von Österreich	1619–1624
Johann Eustach von Westernach	1625–1627
Johann Kaspar von Stadion	1627–1641
Leopold Wilhelm von Österreich	1641–1662
Karl Joseph von Österreich	1662–1664

Johann Kaspar von Ampringen	1664–1684
Ludwig Anton von Pfalz-Neuburg	1684–1694
Franz Ludwig von Pfalz-Neuburg	1694–1732
Clemens August von Bayern	1732–1761
Karl Alexander von Lothringen	1761–1780
Maximilian Franz von Österreich	1780–1801
Karl Ludwig von Österreich	1801–1804

Residenz Wien (ab 1809):

Anton Victor von Österreich	1804–1835
Maximilian Joseph von Österreich-Este	1835–1863
Wilhelm von Österreich	1863–1894
Eugen von Österreich	1894–1923

3. Klerikaler Orden

Dr. h. c. Norbert Klein	1923–1933
Paul Heider	1933–1936
Robert Schälzky	1936–1948
Dr. Marian Tumler	1948–1970
Ildefons Pauler	1970–1988
Dr. Arnold Wieland	1988–

Abbildungsverzeichnis

Vor Seite 1: *Kaiser Friedrich II. vermehrt das Ordenswappen um den Reichsadler. Gemalter Wandteppich in der Kommende Lengmoos.* Foto: P. Cornelius Buchheim OT, Lengmoos.

Die Ordenspatronin: Thronende Madonna im Tympanon der Kirche Maria am Leech, Graz, Ende 13. Jahrhundert. Foto: Bundesdenkmalamt Wien, Nr. N 29 656.

Nach Seite 16: *Hauptburg Montfort im Heiligen Land.* Foto: State of Israel, Government Press Office.

Hochmeister Konrad von Thüringen (1239–1240). Grabplatte in der Elisabethkirche Marburg, Mitte 13. Jahrhundert. Aus: Foto-Marburg, Nr. 88 634.

Elisabeth-Kirche in Marburg an der Lahn. Aus: Foto-Marburg, Nr. 14 515.

Burg Wenden, Sitz des Landmeisters von Livland. Aus: J. G. Herder-Institut Marburg, Nr. 2a 384.

Nach Seite 32: *Marienburg in Preußen, Hochmeisterresidenz 1309–1457.* Aus: Sammlung Arnold.

Hochmeister Albrecht von Brandenburg-Ansbach (1511–1525) im Jahre 1522. Ölgemälde von Hans Krel (?). Aus: Münster Heilsbronn. Foto: Schmid, Heilsbronn.

Nach Seite 48: *Hochmeister Walter von Cronberg (1525–1543).* Grabmal in der Dominikanerkirche Mergentheim. Aus: Archiv.

Schloß Mergentheim, Hochmeisterresidenz 1526–1809. Aus: Kultur- und Verkehrsamt der Stadt Bad Mergentheim, Nr. 15/ L 105.

Nach Seite 56: *Hochmeister Maximilian I. von Österreich (1590/95–1618).* Zeitgenössisches Silberrelief. Aus: Schatzkammer des Deutschen Ordens Wien. Foto: Inge Kitlitschka-Strempel, Klosterneuburg.

Deutschordensritter nach 1606. Aus: Zentralarchiv des Deutschen Ordens Wien, Hs. 732 A, fol. 107.

Deutschordenspriester nach 1606. Aus: Zentralarchiv des Deutschen Ordens Wien, Hs. 732 A, fol. 108.

Mittelschrein des Schnatterpeck-Altars in Mariae Himmelfahrt, Niederlana. Anfang 16. Jahrhundert. Foto: Oswald Kofler, Meran.

Nach Seite 64: *Landkommende Altenbiesen.* Aus: Alden Biesen.

Schloßkirche Mergentheim. Aus: Kultur- und Verkehrsamt der Stadt Bad Mergentheim, Nr. 205.

Hochmeister Maximilian II. Franz von Österreich (1780–1801). Ölgemälde. Aus: Schatzkammer des Deutschen Ordens Wien.

Landkommende Wien im 18. Jahrhundert. Kupferstich. Aus: Sammlung Arnold.

Nach Seite 72: *Schloß Freudenthal.* Aus: Kreislichtbildstelle des Heimatkreises Freudenthal in der Heimatstube der Würbenthaler, Sindelfingen.

Hochmeister Maximilian III. Joseph von Österreich-Este (1835–1863). Aus: Österreichische Nationalbibliothek, Pf 31 908 E (1).
P. Peter Rigler (1796–1873). Aus: Konvent Lana.
Konvent Lana. Foto: Tappeiner, Meran.

Nach Seite 80: *Hochmeister Eugen von Österreich (1894–1923).* Aus: Zentralarchiv des Deutschen Ordens Wien.
Generalkapitel 1929. Aus: Zentralarchiv des Deutschen Ordens Wien.
Elisabeth-Kirche in Wien. Foto: Westmüller, Linz.
Kloster Lanegg. Foto: Tappeiner, Meran.

Nach Seite 88: *Kloster St. Nikola in Passau.* Aus: Archiv St. Nikola Passau.
Altersheim St. Michael in Alexandersbad. Foto: Foto-Studio Löwenhag, Marktredwitz.
Kommende Sachsenhausen in Frankfurt am Main. Foto: Günther Helding, Frankfurt/Main.
Krankenhaus und Provinzialat in Friesach. Foto: W. Hammerschlag, St. Veit.
Grundsteinlegung des Deutschordens-Wohnstifts Konrad Adenauer in Köln-Brück. Foto: Christian Dalchow, Köln.

Nach Seite 96: *Generalprokuratur in Rom.* Foto: Arnold.
Ordenstag 1972 in Lana. Foto: Hiltraud Gasser, Lana.

Nach Seite 104: *Feierliche Priesterprofeß.* Foto: P. Gottfried Daum OT, Bozen.
Ewige Schwesternprofeß. Foto: Sr. Jožefa Ogulin OT, Ljubljana.
Familiaren-Investitur. Foto: Joppen, Frankfurt.
Die Ordensfamilie vor der Pfarrkirche Lana anläßlich des 70jährigen Priesterjubiläums von Althochmeister P. Dr. Marian Tumler am 29. Juni 1980. Foto: Hiltraud Gasser, Lana.

Karten

Vorsatz vorne: *Die Entstehung der Balleien im deutschen Reich,* aus: Klaus Militzer, Die Entstehung der Deutschordensballeien im Deutschen Reich, Marburg ^{2}1981 (Quellen und Studien zur Geschichte des Deutschen Ordens 16).

Vorsatz hinten: *Preußen um 1400,* aus. Atlas östliches Mitteleuropa, Bielefeld: Velhagen und Klasing 1959, Blatt 12 (Ausschnitt).

Quellen und Studien zur Geschichte des Deutschen Ordens

Band 1 Acht Jahrhunderte Deutscher Orden in Einzeldarstellungen, hg. v. Klemens *Wieser* (Festschrift für Hochmeister P. Dr. Marian Tumler OT zum 80. Geburtstag). 1967. Vergriffen.

Band 2 Kurt *Forstreuter:* Der Deutsche Orden am Mittelmeer. 1967. Vergriffen, Neuaufl. geplant.

Band 3 Karl H. *Lampe:* Bibliographie des Deutschen Ordens bis 1959. 1975.

Band 4 Friedrich *Täubl:* Der Deutsche Orden im Zeitalter Napoleons. 1966.

Band 5 Wilhelm *Nöbel:* Michael Küchmeister. Hochmeister des Deutschen Ordens 1414–1422. 1969.

Band 6 Beda *Dudik:* Des Hohen Deutschen Ritterordens Münz-Sammlung in Wien. 1966 (Reprint der Aufl. 1858).

Band 8 Hans *Limburg:* Die Hochmeister des Deutschen Ordens und die Ballei Koblenz. 1969.

Band 9 Rüdiger *Schmidt:* Die Deutschordenskommenden Trier und Beckingen 1242–1794. 1979.

Band 10 Erich *Maschke:* Domus Hospitalis Theutonicorum. Europäische Verbindungslinien der Deutschordensgeschichte. Gesammelte Aufsätze aus den Jahren 1931–1963. 1970.

Band 11 Heinz *Noflatscher:* Glaube, Reich und Dynastie. Maximilian der Deutschmeister 1558–1618. 1986.

Band 12 Bernhard *Demel:* Das Priesterseminar des Deutschen Ordens zu Mergentheim. 1972.

Band 13 Gerard *Müller:* Die Familiaren des Deutschen Ordens. 1980.

Band 14 Erentraud *Gruber:* Deutschordensschwestern im 19. und 20. Jahrhundert. Wiederbelebung, Ausbreitung und Tätigkeit 1837–1971. 1971.

Band 15 Carl August *Lückerath:* Paul von Rusdorf. Hochmeister des Deutschen Ordens 1422–1441. 1969.

Band 16 Klaus *Militzer:* Die Entstehung der Deutschordensballeien im Deutschen Reich. 2., überarb. u. erweiterte Aufl. 1981.

Band 17 Klemens *Wieser:* Nordosteuropa und der Deutsche Orden. Kurzregesten. Band I (bis 1561). Kurzregesten Nr. 1–2294 zu den Aktenbeständen „Abt. Preußen" und „Abt. Livland" des Zentralarchivs des Deutschen Ordens in Wien. 1969.

Band 18 Elisabeth, der Deutsche Orden und ihre Kirche. Festschrift zur 700jährigen Wiederkehr der Weihe der Elisabethkirche Marburg 1983, hg. v. Udo *Arnold* u. Heinz *Liebing*. 1983.

Band 19 Jürgen *Michler:* Die Elisabethkirche zu Marburg in ihrer ursprünglichen Farbigkeit. 1984.

Band 20 Von Akkon bis Wien. Studien zur Deutschordensgeschichte vom 13. bis zum 20. Jahrhundert. Festschrift zum 90. Geburtstag von Althochmeister P. Dr. Marian Tumler OT, hg. v. Udo *Arnold*. 1978.

Band 21 Manfred *Caliebe:* Hester. Eine poetische Paraphrase des Buches Esther aus dem Ordensland Preußen. Edition und Kommentar. 1985.

Band 22 Josef *Hemmerle:* Die Deutschordens-Ballei Böhmen in ihren Rechnungsbüchern 1382–1411. 1967.

Band 23 Michael *Diefenbacher:* Territorienbildung des Deutschen Ordens am unteren Neckar im 15. und 16. Jahrhundert. Urbare der Kommenden Heilbronn und Horneck sowie der Ämter Scheuerberg, Kirchhausen und Stocksberg von 1427 bis 1555. 1985.

Band 24 Bernhart *Jähnig:* Johann von Wallenrode OT. Erzbischof von Riga, Königlicher Rat, Deutschordensdiplomat und Bischof von Lüttich im Zeitalter des Schismas und des Konstanzer Konzils (um 1370–1419). 1970.

Band 25 Winfried *Irgang:* Freudenthal als Herrschaft des Deutschen Ordens 1621–1725. 1971.

Band 26 Hans Jürgen *Dorn:* Die Deutschordensballei Westfalen von der Reformation bis zu ihrer Auflösung im Jahre 1809. 1978.

Band 27 Klemens *Wieser:* Nordosteuropa und der Deutsche Orden. Kurzregesten. Band II (1562–Ende 18. Jh.). Kurzregesten Nr. 2295–4629 zu den Aktenbeständen „Abt. Preußen" und „Abt. Livland" des Zentralarchivs des Deutschen Ordens in Wien. 1972.

Band 28 Ulrich *Gasser:* Die Priesterkonvente des Deutschen Ordens. Peter Rigler und ihre Wiedererrichtung 1854–1897. 1973.

Band 29 Christian *Probst:* Der Deutsche Orden und sein Medizinalwesen in Preußen. Hospital, Firmarie und Arzt bis 1525. 1969.

Band 30 Der Deutschordensstaat Preußen in der polnischen Geschichtsschreibung der Gegenwart, hg. v. Udo *Arnold* u. Marian *Biskup*. 1982.

Band 31 Gottfried *Boesch:* Das Jahrzeitbuch des Deutschordenskommende Hitzkirch aus dem Jahre 1432/33 mit dem Fragment A von 1399. 1972.

Band 32 Peter *Heim:* Die Deutschordenskommende Beuggen und die Anfänge der Ballei Elsaß-Burgund von ihrer Entstehung bis zur Reformationszeit. 1977.

Band 33 Josef *Hopfenzitz:* Kommende Oettingen Deutschen Ordens (1242–1805). Recht und Wirtschaft im territorialen Spannungsfeld. 1975.

Band 34 Klaus *Oldenhage:* Kurfürst Erzherzog Maximilian Franz als Hoch- und Deutschmeister (1780–1801). 1969.

Band 35 Axel *Herrmann:* Der Deutsche Orden unter Walter von Cronberg (1525–1543). Zur Politik und Struktur des „Teutschen Adels Spitale" im Reformationszeitalter. 1974.

Band 36 Beiträge zur Geschichte des Deutschen Ordens 1, hg. v. Udo *Arnold* (zugleich Veröffentlichungen der Internationalen Historischen Kommission zur Erforschung des Deutschen Ordens 1). 1986.

Band 37 Helmuth *Kluger:* Hochmeister Hermann von Salza und Kaiser Friedrich II. 1987.

Band 38 Zur Wirtschaftsentwicklung des Deutschen Ordens im Mittelalter, hg. v. Udo *Arnold* (zugleich Veröffentlichungen der Internationalen Historischen Kommission zur Erforschung des Deutschen Ordens 2). 1989.

Band 41 Protokolle der Kapitel und Gespräche des Deutschen Ordens im Reich (1499–1525), hg. v. Marian *Biskup* u. Irena *Janosz-Biskupowa* (zugleich Veröffentlichungen der Internationalen Historischen Kommission zur Erforschung des Deutschen Ordens 3). 1991.

Band 42 Alden Biesen. Acht Jahrhunderte einer Deutschordens-Landkommende im Rhein-Maas-Gebiet, hg. v. Johan *Fleerackers*. 1988.

Band 43 Der Deutsche Orden in Tirol. Die Ballei an der Etsch und im Gebirge, hg. v. Heinz *Noflatscher*. 1991.

Band 45 Ekhard *Schöffler:* Die Deutschordenskommende Münnerstadt. Untersuchungen zur Besitz-, Wirtschafts- und Personalgeschichte. 1991.

Band 46 Maximilian *Reiss:* Deutschordensfamiliaren in Deutschland in drei Jahrzehnten (1957–1988). Eine Bildmonographie. 1991.

Band 47 Ulrich *Nieß:* Hochmeister Karl von Trier (1311–1324). Stationen einer Karriere im Deutschen Orden. 1992.

N. G. Elwert Verlag Marburg